Andreas Malessa • Ulrich Giesekus

Männer sind einfach

Andreas Malessa • Ulrich Giesekus

Männer sind einfach

... aber sie haben's nicht leicht

BRUNNEN
Verlag GmbH · Giessen

MIX
Papier aus verantwortungsvollen Quellen
FSC® C083411
FSC
www.fsc.org

6. Auflage 2016
1. Taschenbuchausgabe

www.brunnen-verlag.de
Lektorat: Hanna Schott
Umschlagfoto: Shutterstock
Umschlaggestaltung: Jonathan Maul
Satz: DTP Brunnen
Druck: CPI – Ebner & Spiegel, Ulm
ISBN 978-3-7655-4281-7

Inhalt

Warum wir dieses Buch beinah nicht geschrieben hätten und wieso es auch Frauen lesen dürfen

Ulrich: Hast du heute schon einen Drachen getötet und deine Prinzessin beschützt?

Andreas: Hä?

Ulrich: Du glaubst nicht, wie viel *(hüstel, röchel … Ulrich verschluckt sich an einem Keks)* in christlichen Ratgeberbüchern für Männer steht!

Andreas: Ich lese keine. Meine Prinzessin hat mich heute vor Erblindung geschützt, indem sie die Lampe über meinem Schreibtisch repariert hat. Endlich. War seit vier Monaten kaputt.

Ulrich: Und? Bist du deshalb kein richtiger Mann? Genau darüber müssten wir mal was schreiben!

Andreas: Über durchschmorende Trafos und implodierende Birnen?

Ulrich: Nein, über christlich zementierte Rollenklischees. Meine Prinzessin ärgert sich eher darüber, wenn sie von Machos nicht ernst genommen wird. Aber sag mal – du bist ja der Theologe: Gibt es das eine, für alle normative biblische Männerbild überhaupt?

Andreas: Abraham lebte polygam, Mose hatte eine schwarze Geliebte, David schwängerte die Frau seines Nachbarn, Josef wollte Maria eigentlich verlassen … Soll das ein Krimi werden?

Ulrich: Es soll eine Ermutigung zu männlicher Identitätsfindung werden.

Andreas: Von Identität versteht ein Humanwissenschaftler und Psycho-Onkel wie du aber mehr als ein Theologe und Journalist wie ich.

Ulrich: Hm. Und von der Arbeitsweise her sind wir natürliche Feinde.

Andreas: Was?

Ulrich: Ein Journalist recherchiert so lange, bis er über alles immer weniger weiß. Ein Wissenschaftler, bis er über immer weniger alles weiß.

Andreas: Was für die Leserinnen dann aber aufs Gleiche hinausliefe …

Ulrich: Leserinnen?

Andreas: Ja. Männer kaufen Bücher angeblich doch nur, um sie ihren Frauen zu schenken.

Ulrich: Ein Buch von uns beiden werden auch Männer lesen. Wir sind schließlich seit 20 Jahren befreundet.

Andreas: Also muss ein Kapitel über Männerfreundschaft rein.

Ulrich: Und über männliche Gene, über Kommunikation in der Ehe, Stress, Vorbild sein, Vaterschaft …

Andreas: Sex!

Ulrich: Sex auch, ja. Und was es bedeutet, als Mann Jesus nachzufolgen – mitten in den veränderten Bedingungen des globalisierten Marktes und der postmodernen Kultur.

Andreas: Die gesellschaftlichen Bedingungen haben sich zu Lasten der Männer und zugunsten der Frauen verändert …

Ulrich: Eben!

Andreas: Aber woran merkt die Leserin, wer von uns beiden was geschrieben hat, wenn wir beide meinen, was der andere schreibt?

Ulrich: Am Stil.

Andreas: Hast du denn einen?

Ulrich: Ich hatte in Deutsch 'ne Fünf. Aber wer eine männliche Identität hat, braucht ja nicht auch noch einen eigenen Stil.

Andreas: Außerdem: Wofür haben wir eine Lektorin, weiblich!?

(Das Ende des Gesprächs wird von uns beiden unterschiedlich erinnert. Jedenfalls kam zum Schluss dieses Buch dabei heraus.)

Viel Lesevergnügen wünschen wir Ihnen.
Ulrich Giesekus & Andreas Malessa

Kapitel 1

Schluss mit den Rollenklischees

Sie haben in Mathe auch nicht alles verstanden? Vielleicht können Sie sich trotzdem noch erinnern: Man braucht immer so viele Gleichungen, wie man Unbekannte hat. Zwei Unbekannte werden als x und y bezeichnet. Mit nur einer Unbekannten (x) ist das Rätsel sehr viel einfacher zu lösen.

Aber auch wer in Mathe gepennt hat, kennt das Fernsehprogramm und weiß, dass XY das Aktenzeichen für ungelöste Kriminalfälle ist. Mit Hilfe der Bevölkerung sollen Täter gefunden werden, die zu nachgespielten Szenen passen. Aufregend, das Ganze.

Kurz: XY steht für schwierige Gleichungen, ungelöste Rätsel und offene Fragen.

Wenn es um das männliche XY-Chromosom und seine Auswirkungen auf das betroffene Geschlecht geht, sieht es nur auf den ersten Blick anders aus. Männlichkeit wird von manchen als ein relativ einfaches Strickmuster ohne viele Variationen beschrieben. Männer sind einfach … Männer sind einfach so …

Populärwissenschaftliche Bücher preisen die Biologie als plausible Erklärung für simple Schwarz-Weiß-Muster. XY ist „digital“ das Gegenteil von XX. Papas Sperma bringt Klarheit: Das Y macht den Mann zum Mann. Die Evolution hat für klare Rollenzuschreibungen gesorgt, und jeder Biologe weiß, was den Mann zum Mann macht: Muskeln, Dominanzverhalten und Gehirnwindungen, mit welchen „mann“ zwar nicht zuhören, aber dafür umso besser das Auto einparken kann. Populär gewordene Paarforschung der jüngeren Generation macht die Biologie verantwortlich, nicht die gesellschaftlichen Verhältnisse: Männergehirne sind durch männliche Hormone ganz einfach auf Jagd und Kampf programmiert. Männer können gar nicht anders.

Auch manche Psychologen bringen Männlichkeit auf einen einfachen Nenner. Die sieben „männlichen Imperative" – so der Amerikaner Herb Goldberg – sind doch eigentlich leicht zu begreifen: „Je weniger Schlaf ich benötige, je mehr Schmerzen ich ertragen kann, je mehr Alkohol ich vertrage, je weniger ich mich darum kümmere, was ich esse, je weniger ich um Hilfe bitte und von anderen Menschen abhängig bin, je mehr ich meine Gefühle kontrolliere und unterdrücke, je weniger ich auf meinen Körper achte, desto männlicher bin ich." Nachhilfe gibt's im Zweifelsfall nicht nur vom Liederdichter Herbert Grönemeyer, der in seinem Song „Männer" der männlichen Seele wenigstens so viel Tiefe zuschreibt, dass sie „außen hart und innen ganz weich" sei. Auch Sozialpädagogen und -pädagoginnen können gelegentlich Männlichkeit auf eine recht einfache Formel reduzieren. Die einfachste davon: Männer sind Täter, Frauen Opfer. Etwas differenzierter: Männliche Sozialisierung, also die Gesamtheit gesellschaftlicher Einflüsse auf die persönliche Entwicklung, zwingt Männer dazu, emotional mehr oder weniger behindert zu sein. Ihre Erziehung unterwirft schon die kleinen Jungen rigorosen Rollenklischees. Das Ergebnis: Konkurrenzverhalten, Kommunikationsunfähigkeit und Herzinfarktgefährdung. Als Partner sind Männer eigentlich ziemlich unbrauchbar, aber glücklicherweise gibt es ja Frauen, die für die Beziehungshygiene sorgen.

Auf kirchlichen Büchertischen findet man jede Menge Literatur mit der Botschaft: So sind Männer wirklich! Und nicht selten stößt man in ihr auf die gleichen oder ähnliche Stereotype: Richtige Männer sind wild, ungezähmt oder irgendwie simpel „der totale Mann". Einen Baum pflanzen, ein Haus bauen, einen Sohn zeugen …, oder auch einen Drachen töten und die Prinzessin erlösen. Solche Vorstellungen unterscheiden sich letztlich nur wenig von den religiösen Interpretationen vorheriger Generationen, für die „ganz klar" war, dass der Mann als „Haupt der Familie" biblisch begründet herrschen durfte und bestimmen musste, wie der Hase läuft. Frauen hatten untertan zu sein und zu gehorchen. Dass in der Bibel das Konzept „Gehorsam" zwar für die Kinder-Eltern- und für die Gott-Mensch-Beziehung Anwendung findet, niemals aber in Bezug auf die Partnerschaft genannt wird, störte dabei wenig. (In der Bibel werden Paare zu einer gegenseitig dienenden Grundeinstellung aufgefordert, so zum Beispiel im Brief des Apostels Paulus an die Christen im griechischen Ephesus, 5. Kapitel, Vers 21: „sich gegenseitig untertan sein" nennt der Apostel das.)

Auf der Suche nach Einsichten in die männliche Psyche scheint es viele eindimensionale, schwarz-weiße, global richtige Antworten zu geben. Nur: Sie stimmen eben nur im Allgemeinen, global und generell. Auf den Einzelnen bezogen können sie nicht stimmen. Und sie helfen keinem Mann dabei, seine individuelle Männlichkeit zu entdecken, zu entwickeln und zu gestalten. Wenn statistisch beobachtbare Zusammenhänge verallgemeinert werden, führt das im Einzelfall fast so häufig in die falsche wie in die richtige Richtung. So was ist bestenfalls pseudowissenschaftlich und wird ordentlich betriebener Psychologie und Theologie nicht gerecht. Wer sich mit männlichen oder weiblichen Eigenschaften so befasst, dass er lediglich nach Stereotypen sucht, der erschwert oder verhindert die Selbstwahrnehmung sogar. Er behindert die Entwicklung einer individuellen Identität, macht Beziehungen und besonders Partnerschaften schwieriger. Untersuchungen zeigen: Je ausgeprägter die Vorstellungen von den Geschlechterrollen sind, desto unglücklicher sind die Paare. Je stärker sich Frauen mit weiblichen Rollenklischees identifizieren und Männer mit gesellschaftlichen Vorstellungen von Männlichkeit, desto häufiger leiden sie an Minderwertigkeitsgefühlen und kompensieren diese dann nicht selten mit dem Ausleben genau dieser Klischees. Und umgekehrt: Glückliche Ehen führen dazu, dass beide Partner im Laufe einer langjährigen Beziehung sowohl ihre „maskulinen" als auch „femininen" Eigenschaften entwickeln. Frauen und Männer lernen, tiefere Gespräche zu führen. Frauen und Männer lernen, wie man mit neuem Werkzeug oder Computerprogrammen umgeht. Und das müssen sie auch. Beide.

„Männer haben größere Füße.“ Das ist unzweifelhaft richtig. Schuhgröße ist nämlich eine „geschlechtsdimorphe Eigenschaft“, also eine Eigenschaft, die Männer und Frauen unterscheidet. Aber eben nur im Allgemeinen. Denn keinesfalls haben alle Männer größere Füße als alle Frauen. Während bei den Frauen die gängigen Schuhgrößen von 36 bis 42 gehen, sind bei den Männern die Größen 40 bis 46 vorrätig. Aber es gibt auch Männer mit Schuhgröße 38 sowie Frauen mit 44. Die mittleren Größen sind jeweils viel häufiger, die Extreme selten.

Für Ladenbesitzer und Schuhfabrikanten sind diese Unterschiede wichtig, denn sie müssen entscheiden, wie viele Paare sie in jeder Größe produzieren beziehungsweise einkaufen. Aber für Hans und Liese ist es beim Schuhkauf völlig irrelevant, ob Größe 42 eher männlich ist – wenn eine Frau diese Größe braucht, wird sie nach ihr suchen. Und sie ist deswegen kein bisschen weniger eine „ganze Frau“.

Wenn es um seelische geschlechtsdimorphe Eigenschaften geht, sind die Unterschiede zwischen Männern und Frauen in der Regel viel kleiner als bei der Schuhgröße. Die überwiegende Mehrheit der Menschen ist in den mittleren Bereichen zu finden, wo sich maskuline und feminine Normalitäten überschneiden. Bei einer x-beliebigen psychologischen Eigenschaft, die man auf einer Skala zwischen 0 und 100 messen könnte, wären die Frauen dann vielleicht typischerweise zwischen 29 und 69, die Männer zwischen 31 und 71. Auch hier würde stimmen: Männer haben höhere Werte als Frauen. Aber wenn 98 Prozent beider Geschlechter irgendwo zwischen 31 und 69 liegen – was, bitte, soll dann „typisch männlich“ oder „typisch weiblich“ sein?

Für die individuelle Identitätsfindung sind Rollenzuschreibungen also Gift. Natürlich gibt es – nicht nur bildlich gesprochen – Frauen, die ihre Füße in zu kleine Schuhe zwängen, damit es „femininer“ aussieht. Und Männer, die sich eine Glatze rasieren, um „maskuliner“ zu sein.

Aber Tatsache ist, dass ein geschorener Kopf keinen besseren Mann macht und kleinere Füße keine bessere Frau. Die gesundheitlichen und manchmal auch finanziellen Kosten für irregeleitete Anpassungsversuche sind dagegen erheblich.

Bei den beiden männlichen Autoren dieses Buches kommen folgende „typisch maskuline" und „typisch feminine" Eigenschaften mindestens bei einem von beiden vor – wer von beiden was mag oder tut, wird nicht verraten.

- Fährt gerne Motorrad
- Heult bei Filmen
- Fährt nicht gerne Motorrad
- Bastelt in der Werkstatt
- Hat zwei linke Hände
- Liebt Literatur
- Kann gut kochen
- Fährt lieber Zug
- Fährt lieber Auto
- Führt gern lange Gespräche
- Ist manchmal etwas eitel
- Ist manchmal zu besorgt

Bei den beiden Ehefrauen dieser Autoren kommen folgende Eigenschaften vor – wieder wird nicht verraten, welche bei welcher:

- Fährt gerne Motorrad
- Heult bei Filmen
- Fährt nicht gerne Motorrad
- Bastelt in der Werkstatt
- Liebt Literatur
- Kann gut kochen
- Fährt lieber Zug
- Fährt lieber Auto
- Führt gern lange Gespräche

- Ist manchmal etwas eitel
- Ist manchmal zu besorgt

Die Listen ließen sich verlängern. Dem aufmerksamen Leser wird nicht entgangen sein, dass bei den Frauen eine Eigenschaft von einem der beiden Männer nicht vorkommt: „Hat zwei linke Hände". Die Damen sind nämlich beide handwerklich geschickt.

Fazit: Männer und Frauen haben beide maskuline und feminine Eigenschaften. Das gilt nicht nur für die Autoren und ihre Partnerinnen. Die gängigen Definitionen von Männlichkeit haben mit den Definitionen von Weiblichkeit dagegen nur eines gemeinsam: Sie stimmen nicht.

Also: Vorsicht, Falle! Vorurteilsbeladene und festgelegte Rollenerwartungen bewahrheiten sich häufig selbst, wenn man an sie glaubt. An Stelle von sich gegenseitig ergänzenden Partnern entstehen dann jedoch Stereotype, die eben gerade nicht die von Gott in der Schöpfung gestiftete Vielfalt leben, sondern gesellschaftlich bestimmte Geschlechterrollen verwirklichen. Sie führen nicht zur Freiheit, die eigene Person in ihrer Begabung, Individualität und Andersartigkeit zu entdecken, sondern sie engen ein, setzen Normen und Erwartungen und führen letztlich zu einem fremdbestimmten Leben. Das geschieht im Sinne einer „sich selbsterfüllenden Prophezeiung". So kann zum Beispiel die Erwartung, dass das Gespräch mit dem anderen Geschlecht problematisch ist, durchaus dazu führen, dass es auch wirklich so ist.

Vorurteilsbeladene und festgelegte Rollenerwartungen bewahrheiten sich häufig selbst, wenn man an sie glaubt.

Biologie, Kultur, Erziehung und biblischer Glaube definieren einen Menschen nicht durch das Geschlecht. „Ich bin ein Mann" heißt: Ich bin ein männlicher Mensch mit einzigartigen Persönlichkeitseigenschaften, Begabungen, Interessen, genetischen Veranlagungen, maskulinen und femininen Eigenschaften, bei dem einzelne maskuline Eigenschaften wahrscheinlich etwas stärker ausgeprägt sind als einige feminine.

Männer sind einfach. Zumindest in dem Sinn, dass es keinen doppelt gibt. Dass jeder nur so einmalig sein Mann-Sein leben kann und soll, wie eben nur er das kann. Ansonsten sind sie so vielschichtig und kompliziert, so unterschiedlich und einzigartig wie die andere Hälfte der Menschheit.

Kapitel 2

Männlichkeit in der Postmoderne

Modern war früher. Der moderne Mann hatte in seiner Gesellschaft klare Vorgaben, wie Männlichkeit zu definieren sei. Maschinenbau und Technik, familiäre Rollenverteilung, Militär und Karriere – moderne Gesellschaften wurden von Männern aufgebaut und von Männern bestimmt. Gefragt war „vernünftiges Handeln", und darauf hatten die Männer das Monopol.

Schließlich hatten sie Bildung und eine gute berufliche Ausbildung genossen. Frauen dagegen lebten fast ausschließlich in der Welt des Privaten, die von Gefühlen statt von Vernunft beherrscht wurde.

Es waren nicht der Feminismus oder eine unerklärliche Änderung des Rollenverhaltens, die die Gesellschaft verändert haben. Es war das Unglaubwürdig-Werden männlicher Normen auf allen gesellschaftlichen Ebenen.

Das ist gerade mal zwei Generation her. Seitdem ist die moderne Gesellschaftsordnung gründlich gescheitert – und zwar moralisch gescheitert. Denn die Männer, die diese moderne Welt gebaut hatten, haben sie auch wieder zerstört. Erster und Zweiter Weltkrieg, Vietnam, aber auch Tschernobyl haben unser Vertrauen darin, dass die Welt von Männern schon irgendwie „richtig" geführt wird, zerstört. Wir sind postmodern. Das heißt, wir wissen: Menschen – auch Männer – handeln irrational, moralische Instanzen irren oder schweigen feige, der wissenschaftliche Fortschritt bringt genauso viel Schatten wie Licht.

In anderen Worten: Es waren nicht der Feminismus oder eine unerklärliche Änderung des Rollenverhaltens, die die Gesellschaft verändert haben. Es war das Unglaubwürdig-Werden männlicher Normen auf allen gesellschaftlichen Ebenen. Als postmoderne Menschen teilen wir viele Überzeugungen, die in krassem Widerspruch zu allem stehen, was bis vor fünfzig Jahren fraglos gültig war. Hier ein paar – durchaus kontrovers diskussionswürdige – Faustformeln der Postmoderne:

- **Menschen sind irrational.**

Das heißt, Männer und Frauen entscheiden oft auf der Basis von willkürlichen Kategorien. Machen Sie ein einfaches Experiment: Fragen Sie unterschiedliche Männer und Frauen, was sie in den folgenden beiden Situationen tun würden.

Situation A: Sie haben zwei Konzertkarten für je 30 Euro gekauft. Am Einlass bemerken Sie erschrocken, dass Sie die Karten verloren haben. Es gibt an der Abendkasse noch Karten zu kaufen, und Sie haben auch 60 Euro dabei. Was tun Sie? Kaufen Sie noch einmal Karten oder verzichten Sie auf das Konzert?

Situation B: Sie wollen zu zweit ein Konzert besuchen. Die Karten kosten 30 Euro. Beim Bezahlen an der Abendkasse stellen Sie erschrocken fest, dass Sie aus Ihrem Geldbeutel 60 Euro verloren haben. Sie haben aber noch genügend Geld, um die beiden Karten zu bezahlen. Was tun Sie? Kaufen Sie trotzdem die Karten oder verzichten Sie auf das Konzert?

Auf die Frage in Situation A werden viele antworten: Ich gehe wieder nach Hause, denn ich kaufe die Karten doch nicht zweimal! In Situation B dagegen wird es kaum Menschen geben, die diese Entscheidung fällen. Dabei sind die Situationen im Ergebnis völlig identisch: Ob ich Karten im Wert von 60 Euro verloren habe oder 60 Euro in bar, ist völlig egal. Das Geld ist in beiden Fällen weg. Wenn Menschen rational wären, müssten also beide Fragen gleich häufig gleich beantwortet werden. Das ist aber nicht so – egal, ob Männer oder Frauen entscheiden.

Wenn wir so etwas feststellen, sind wir noch nicht einmal überrascht. Wir haben – zu Recht – peu à peu den Glauben an den rationalen Menschen verloren. Das männliche Monopol auf rationale Vernunft ist längst unbedeutend geworden.

Der technische Fortschritt könnte uns alle umbringen.

In der Zeit, in der von der Wissenschaft erwartet wurde, sie solle die Probleme der Menschheit lösen, waren die großen Wissenschaftler Männer. Eine Marie Curie war die seltene Ausnahme zwischen all den Newtons, Einsteins, Edisons und Flemings, die die Lehrstühle der Universitäten in Beschlag nahmen. Männer prägten den Geist der Moderne. Doch spätestens seit einem Mann wie dem KZ-Arzt Josef Mengele wissen wir: Selbst eine Wissenschaft wie die Medizin birgt das Potenzial für ungebremsten Sadismus in sich. Während ich an diesem Buch schreibe, erreichen mich täglich Nachrichten über Atomforschungsprogramme im Iran, dazu die Reaktionen, die sie auslösen – natürlich auch bei den Mächten, die selbst ungeniert Atombomben gebaut und eingesetzt haben. Männer können ihre Männlichkeit immer noch demonstrieren, indem sie sich als Konstrukteure und Beherrscher von Autos, Computern, Flugzeugen oder Atomkraftwerken präsentieren – politisch wie privat: Auch wenn der letzte Manta der Schrottpresse anheimgefallen sein wird, wird es *den* Mantafahrer vermutlich noch eine ganze Weile geben. Es scheint zum Balzritual zu gehören, an roten Ampeln lautstark auf sich und die PS, die man befehligt, aufmerksam zu machen. Und doch: Auch diese Männlichkeitsrituale werden immer lächerlicher und wirken auch auf ihre Zielgruppe, die jungen Frauen, häufig nur noch albern – wenn das auch teilweise vom Bildungsgrad oder IQ abhängig sein mag.

Vergleichen Sie mal, wie sich die Technikträume von Jungen innerhalb von nur einer Generation vor und nach dem Zweiten Weltkrieg geändert haben. Das Jungenbuch „Das neue Universum“ erfreute seit 1880 jährlich die Gemüter hauptsächlich männlicher Teenager, die damals allerdings Jünglinge hießen. Band 58 erschien 1937. Dort finden sich Erzählungen, Reiseberichte, Neues aus dem Verkehrswesen usw. und Berichte aus Wissenschaft und Technik. In Band 87, erschienen 1970, ist das noch genauso. Alles nach dem gleichen Strickmuster, nur die Rubrik „Heer, Marine, Luftwaffe“ fehlt. Große Ideen, wie die Welt durch Technik gerettet werden kann, fehlten schon 1937 nicht. Dort fand sich zum Beispiel die Vorstellung, mit billigem Atomstrom die Polkappen zu schmelzen, um mit dem so gewonnenen Trinkwasser die Sahara in fruchtbares Land zu verwandeln. (Wir wissen heute: Die Polkappen schmelzen, setzen dabei aber große Teile der Welt unter Wasser. Die Wüsten dagegen werden jährlich größer.) Später waren es Artikel über Städte in der Tiefsee oder auf dem Mond, die die männliche Fantasie beflügelten. Ganz anders dagegen Band 99, erschienen 1982: Unter den Technikbeiträgen findet sich kein einziger, der von einer großartigen Zukunft träumt. Stattdessen gibt es Artikel über das Ende der Schallplatte, über Spannbeton, über ein Umweltschutzschiff und über Lehmbauten, die heute noch genauso enstehen wie schon zu Urzeiten. Mit Band 119 – erschienen 2002 – war Schluss. Kein „neues Universum" mehr. Die Zeit, in der man mit Büchern Begeisterung für eine Technik der Zukunft vermitteln konnte, ist wohl endgültig den Computerspielen gewichen. Die vollbusige, allerdings virtuelle Revolverheldin Lara Croft hat in den Jungenträumen den Platz von Wernher von Braun oder Jacques Cousteau eingenommen.

Machthaber sind gefährlich.

Ob Stalin, Hitler, Pol Pot oder Pinochet – dass gewalttätige Politiker zum Wohl ihres Volkes handelten und aus Gründen der „Staatsräson" schwierige moralische Entscheidungen notwendigerweise auch auf Kosten von Menschenleben fällen mussten, glauben wir diesen Tyrannen niemals! Und allen anderen Machthabern treten wir mit ähnlichem Misstrauen entgegen. Unsere Erfahrung zeigt, dass die Herrschenden keineswegs immer von der Liebe zu Volk und Vaterland, sondern von der Verliebtheit in die eigene Bedeutung getrieben werden. Es ist für uns selbstverständlich, dass wir auf Datenschutz bestehen, dass die Polizei nicht alles darf, dass die Geheimdienste der parlamentarischen Kontrolle unterliegen.

Hoffen wir jedenfalls, dass es dabei bleibt. Und wir sind aufgebracht, wenn da was schiefgeht.

Unser Misstrauen beschränkt sich aber nicht auf Männer. Wir wissen nämlich längst, dass das Geschlecht eines Menschen wenig über die Zurückhaltung in Gewaltfragen sagt. Mahatma Gandhi steht für kompromisslosen Gewaltverzicht. Die Namensgleichheit half zwar auch Indira Gandhi zum Wahlsieg, doch die war für unsere Begriffe ein skrupelloser Machtmensch, benutzte den politischen Apparat für ihren Wahlkampf, trat trotz Schuldspruch nicht zurück, sondern führte das Notrecht ein und die Demokratie in Indien damit ans Ende. Sie hatte nicht einmal Skrupel, die Heiligtümer ihrer Gegner mit Waffengewalt zu stürmen. Margaret Thatcher gehört zu den Habichten der Weltgeschichte, die Pastorentochter und US-Außenministerin Condoleezza Rice ist trotz ihres weiblichen Charmes kaum weniger gefährlich, als ihr ehemaliger Kollege im Verteidigungsministerium es war, Donald Rumsfeld. Und auch mit Blick auf Deutschland ist uns klar, dass die Bundeswehr am völkerrechtswidrigen Krieg im Irak mit Sicherheit beteiligt wäre, wenn Angela Merkel (ebenfalls Pfarrerstochter) vier Jahre früher Kanzlerin geworden wäre. Der damalige Kanzler Gerhard Schröder hatte dagegen im Alter von sechs Monaten seinen Vater im Krieg verloren und war vielleicht auch deswegen zurückhaltender. Namen wie Kofi Annan, Martin Luther King oder Nelson Mandela stehen für Versöhnung und Gewaltverzicht. Namen wie Ulrike Meinhof oder Brigitte Mohnhaupt für ideologisch verblendete Brutalität. Keiner käme jedoch auf die Idee, dass diese Menschen wegen ihres Geschlechts zu Symbolen der Gewalt oder des Friedens geworden wären. Und das ist auch richtig so: Männer und Frauen unterscheiden sich diesbezüglich nämlich nicht. Auch wenn in den Kriminalstatistiken, in den Gefängnissen und bei den Kriegstoten die Männer weit vorne liegen, sind Gewaltbereitschaft und Aggressionstrieb bei Frauen und Männern gleich stark. Allerdings bringen die Frauen häufig ihre Männer dazu, die Gewalt auszuüben, statt es selbst zu tun. Es sind vordringlich die Mütter der getöteten Sizilianer, die die Gewaltspirale weiterdrehen, indem sie die Blutrache fordern und so ihre eigenen Söhne opfern. In der Zeit des Nationalsozialismus waren viele Mütter genauso stolz darauf, dem Führer Söhne für den Endsieg geschenkt zu haben, wie die Väter. Stupide Gewalt ist nicht männlich oder weiblich – sie ist menschlich.

Religion ist Ansichtssache.

Jeder hat das Recht, zu glauben, was er oder sie will. Religionsfreiheit und Toleranz für Andersgläubige ist für Menschen in westlichen Gesellschaften ein hoher Wert, gerade auch in christlich geprägten Kulturen. Das heißt auch, dass jede und jeder selbst entscheiden soll, ob eventuelle religiöse Vorstellungen von Männlichkeit oder Weiblichkeit das *Selbst*verständnis prägen sollen. Aber eben nur dieses. Sobald eine muslimische Frau zum Tragen der Burka gezwungen wird oder russlanddeutsche Baptisten den gemischten Sportunterricht für ihre Kinder zu unanständig finden, sind wir entrüstet. Es gibt einen weitgehenden Konsens in unserer Gesellschaft, dass jede und jeder für sich selbst, aber niemand für andere Entscheidungen treffen darf. Da es die Männer waren, die in den Religionen den Ton angaben, bedeutet auch dies ein Schwinden männlicher Dominanz. Wir finden es vielleicht interessant, wenn ein Dalai Lama oder ein Papst medienwirksam inszeniert werden. Aber dass die Hunderttausende von jungen Leuten, die dem Papst zujubeln, deswegen auf vorehelichen Geschlechtsverkehr oder Empfängnisverhütung verzichten, oder dass die Bewunderer des Dalai Lama für sich selbst jeden persönlichen Besitz ablehnen, erwartet niemand ernsthaft. Die postmoderne Gesellschaft ist auch eine postsäkulare Gesellschaft: Man hat nichts mehr gegen Religion. Ganz im Gegenteil: Ob Esoterik oder streng katholische Wallfahrt – alles ist gleichermaßen salonfähig. Hauptsache, niemand spielt sich als allein selig machend auf und beansprucht, Leitbildfunktion für die Gesellschaft haben zu wollen.

Die Kirche hat an Glaubwürdigkeit verloren.

Wichtige Männer in kirchlichen Institutionen untermauerten die Ideologie des Antisemitismus, entwarfen eine Theologie zur Rechtfertigung von Ausbeutung und Unterdrückung der sogenannten Dritten Welt und segneten Waffen. In den USA waren 200 Jahre lang bibeltreue weiße Christen davon überzeugt, Sklaverei sei gottgewollt. US-amerikanische Christen demonstrieren zwar sowohl für als auch gegen die Todesstrafe, aber einen nennenswerten Widerstand gegen staatliche Gewalt von Seiten der organisierten Kirche vermisste man in den USA nicht nur zur Zeit des Vietnamkrieges, sondern bis heute. Es gibt in der Geschichte der Kirche Helden wie Dietrich Bonhoeffer oder Sophie Scholl, die ihrer Überzeugung aus einem tief verankerten persönlichen Glauben folgten. Ein individueller, persönlich gelebter Glaube ist auch für heutige Menschen durchaus bewundernswert. Doch als moralische Instanz hat die Kirche so oft versagt, dass ihr in der westlichen Welt so gut wie keine Autorität mehr zugebilligt wird. Mit dem Untergang der moralischen Institution sind auch ihre Amtsträger – Pfarrer und Priester – gesellschaftlich mehr oder weniger unbedeutend geworden. Das Ende einer weiteren männlichen Bastion.

Die soziale Herkunft definiert nicht den Lebensstil.

In der Moderne war klar: Kinder von Arbeitern wurden Arbeiter. Kinder von Angestellten wurden Angestellte. Kinder von Akademikern wurden Akademiker (oder, im Falle der Mädchen: Sie heirateten innerhalb der entsprechenden Kreise). Ein rechtschaffener Handwerker hätte es auch gar nicht anders gewollt. Als etwa 1930 – um ein Beispiel aus meiner Familie anzuführen – der Sohn eines Tuchwebers aufgrund der Fürsprache seines Lehrers den Sprung aufs Gymnasium machte, war das für die frommen Eltern eine große emotionale Herausforderung: Zum einen empfanden sie das Drängen des Lehrers mehr als Angriff auf die eigene Berufsehre denn als Kompliment, zum anderen waren sie überzeugt, dass „viel Studieren" auch für den Glauben hochgefährlich sein würde. Aber der Lehrer war damals noch eine Autorität, und der mussten sie sich schließlich schweren Herzens beugen. Wenn wir heute in der PISA-Studie lesen müssen, dass in Deutschland der Bildungsgrad der Eltern immer noch ein Hauptfaktor für die erfolgreiche Bildung der Kinder ist, sind wir dagegen schockiert – was zeigt, dass in der Postmoderne eine weiteres Hauptmerkmal der modernen Männlichkeit entfallen ist: den eigenen Stand mit Stolz an die nächste Generation weitergeben zu können.

Die Kleinfamilie funktioniert nicht besonders gut.

Sie gehört nicht zur „guten alten Zeit", sondern ist eine Lebensform, die im 20. Jahrhundert unter dem Einfluss der Industrialisierung entwickelt wurde und die für unser Jahrhundert nur noch in den wenigsten Fällen taugt.

Die Vorstellung, dass ein normaler Haushalt aus einem verheirateten Paar und seinen gemeinsamen Kindern besteht, hat es in der Weltgeschichte vor 1900 in keiner Kultur jemals gegeben. Familien lebten mit mehreren Generationen auf einem Hof, bei Nomaden in einem Zeltverbund, und teilten sich nicht nur die Viehherden und das Essen, sondern auch die Aufsichtspflicht für ihre Kinder. Mit vielen Kindern in jeder Familie gab es für die jungen Eltern entweder jüngere, unverheiratete Geschwister, oder von den älteren Geschwistern schon wieder Nichten und Neffen. Dann war da vielleicht noch eine alte, halb blinde Urgroßmutter und nicht zuletzt Nachbarn, mit denen man zusammen aufgewachsen war und denen man vertrauen konnte. Fast alle Menschen starben in dem Dorf, in dem sie geboren wurden. Mit der Industrialisierung begann der Run auf die großen Städte und die kleinen Mietwohnungen und damit verbunden die Zerstörung des Sippenverbandes und die Entstehung der heute „normalen" Familie, bestehend aus Vater, Mutter, Kind. Die Väter brachten aus der Großfamilie die Idee mit, dass der Mann das Oberhaupt der Familie sei, und an Stelle von wenigen (und sicherlich oft wohlwollenden, weisen) Alten, die die Sippe meist nur ein paar Jahre lang führten (weil sie dann starben), traten unzählige kleine Herrscher, die im besten Fall gelegentlich gereizt waren und im schlimmsten Fall ein Leben lang ihre Familie tyrannisierten. Junge Eltern waren überfordert mit kleinen Kindern, für die sie nun sieben Tage in der Woche 24 Stunden am Tag zuständig waren. Mütter vereinsamten in ihrer nie endenden Arbeit zwischen Herd und Waschküche. Väter arbeiteten 6-Tage-Wochen von morgens bis abends außer Hause und verloren den Kontakt zu ihren Kindern. Immer häufiger wurde die Kleinfamilie zur emotionalen Katastrophe, mit Gewalt, Missbrauch und Alkoholsucht. Die Väter, die in den Generationen vorher mindestens für die Erziehung der Söhne zuständig waren (besonders durch die Berufsausbildung, die die Söhne fast immer vom Vater erhielten), wurden zu Ernährern degradiert. Mehr dazu im Kapitel „Besser als ihr Ruf: Väter".

Weil der Mensch aber ein sehr anpassungsfähiges Wesen ist, bemühten sich die Männer schon bald nach Leibeskräften, ganz besonders fleißige und erfolgreiche Ernährer zu werden. Und waren stolz, wenn sie es schafften. Die Männer auf sich selbst, die Frauen auf die Männer. Eigentlich bedeutete diese Entwicklung einen phänomenalen Identitätsverlust: Abspaltung der Vatergefühle, Distanz zur Großfamilie mit ihren generationsübergreifenden Legenden, fehlendes Eingebundensein in ein soziales Netz – doch das alles wurde schnell kompensiert, nämlich durch Macho-Gehabe und den Anspruch auf eine besondere Ehrerbietung.

Aber die Industrialisierung brachte auch Wohlstand und eine finanzielle Unabhängigkeit, die ein Leben auch außerhalb der Familie möglich machte. Zuerst für die Männer, viele Jahre später auch für die Frauen. Dass zwei Menschen sich scheiden lassen, bedeutete plötzlich nicht mehr existenzielle Bedrohung und gesellschaftliche Ächtung. Es wurde zu einer Option, zu etwas, das vor allem Frauen sich immer häufiger leisteten. Männer seltener, wie man gut verstehen kann.

- **Niemand definiert mehr irgendwas.**

Wie definiert nun unsere Kultur die Rolle des Mannes in der Berufswelt und in der Familie? So gut wie gar nicht mehr. Während die Frauen sich die Berufswelt mit wachsendem Erfolg erobern, sitzen die Männer zwischen allen Stühlen. Einerseits haben sie die Vorbilder ihrer Väter und Großväter im Hinterkopf, deren Frauen ihnen den Rücken frei hielten, damit diese sich ganz dem Beruf widmen konnten. (Auch Frauen haben diese Bilder im Hinterkopf und damit nicht selten hohe Erwartungen an den beruflichen Erfolg ihrer Männer.) Andererseits sind Bildung und Karriere kein männliches Monopol mehr, und die Frauen sind im Beruf immer schärfere Konkurrentinnen geworden. Die neuen Erwartungen an den Mann, sich engagiert in der Familie einzubringen, haben nicht nur die Frauen. Auch viele Männer spüren, dass die Entfremdung von der Familie ihnen schadet, alles andere als natürlich ist und dass sie in ihrer Rolle als Vater und Ehemann tiefe Befriedigung erleben können.

Fazit: Die postmoderne Welt definiert Männlichkeit nicht. Und da wir im Postmodern-Sein noch nicht besonders geübt sind – unsere Väter und Vorfahren waren noch moderne Männer –, tun wir uns schwer mit der Herausforderung. Doch es bleibt uns nichts anderes übrig: Wir müssen unsere männliche Identität – jeder für sich – selbst definieren und gestalten. Es gibt kein Zurück in die Moderne. Und erst recht nicht ins Mittelalter, auch wenn das ein Ausweg wäre, den manche gerne nähmen: Die Moderne geht nicht mehr, die Postmoderne gelingt uns noch nicht – also zurück in die Zeit vor der Moderne! Drachen bekämpfen und Prinzessinnen retten! Nett zum Träumen, aber für den Alltag ungeeignet. Die Drachen, vor denen wir uns und unsere Kinder gerne schützen würden – Arbeitslosigkeit, Sucht, AIDS, Umweltzerstörung usw. –, sind nicht totzukriegen. Und Prinzessinnen,

Wir müssen unsere männliche Identität – jeder für sich – selbst definieren und gestalten. Es gibt kein Zurück in die Moderne. Und erst recht nicht ins Mittelalter.

die nur darauf warten, gerettet zu werden, gibt es auch so gut wie keine mehr. Die meisten sind ziemlich gut darin geworden, sich selbst zu retten. Trotzdem suchen immer mehr Menschen die Lösungen für ihren Alltag im Mittelalter, lassen sich von Astrologen beraten, vertrauen auf Esoterik oder versenken sich per Internet in Ritterspiele. Aber richtige Männer werden sie dadurch nicht.

Wenn man sich deutlich macht, was in unserer Kultur geschieht, fällt auf: Vieles von dem, was Männlichkeit in früheren Generationen definiert hat und worauf Männer stolz waren, wollen wir heute nicht mehr. Von „Blut und Ehre" bis „höher – schneller – weiter", das sind nicht die Werte, die wir verehren. Kurze Zeit sah es mal so aus, als ob Männer ihre wahre Identität gefunden hätten, wenn sie das feminine Stereotyp verwirklichten. Aber der Softie, der in der Männergruppe seinen Pullover aus handgesponnener Naturwolle strickt, war selten mehr als eine Karikatur. Männer machten schnell die Erfahrung, dass gerade die Frauen, denen sie es recht machen wollten, überangepasste Männer nicht ernst nehmen. Zu Recht, denn eine echte Identität entsteht nicht durch Anpassung an Rollenerwartungen – egal, ob diese den starken Held oder den empfindlichen Softie vorgibt. Emotional intelligente Menschen merken, ob jemand authentisch ist oder eine Rolle spielt.

Niemand sagt uns, wie „Mann sein" geht. Wir müssen – jeder für sich – unsere Identität entwickeln, das heißt, aus den vorgegebenen Bauteilen unserer genetischen Veranlagung und biografischer Fakten eine Persönlichkeit gestalten. Das geschieht natürlich nicht im sozialen Vakuum. Jeder Mensch setzt sich mit anderen auseinander, begegnet ihnen, gibt und empfängt Informationen, fühlt sich verstanden oder missverstanden, sucht und vermeidet Begegnungen, leidet oder freut sich im Zusammensein mit anderen. Kein anderer Aspekt seelischen Lebens und Erlebens hat einen auch nur annähernd so starken Einfluss auf unser Wohlbefinden und unsere seelische wie körperliche Gesundheit wie die Beziehungen, in denen wir leben. *Wer* wir sind, definiert sich dadurch, *wie* wir *mit wem* sind. Das galt schon für unsere Vorfahren, das blieb auch in der Moderne so, und es wird sich in der Postmoderne und über sie hinaus sicher nicht ändern.

Kapitel 3

Genug (vom) Sex?

Ich kann nicht …

… zwei Minuten durch die Fernsehkanäle zappen, ohne mindestens eine sexbetont gekleidete beziehungsweise entkleidete Frau zu sehen. Die ödesten Konsumartikel (Margarine, Seife, Mineralwasser), die banalsten Gegenstände (Schrauben, Möbel, Autoreifen), sogar knochentrockene Versicherungs- und Kreditverträge werden mit prallen Busen oder aufreizend wackelnden Pos angepriesen. Ganz zu schweigen von den feuchten Lippen, dem halbgeöffneten Mund, dem verführerischen Augenzwinkern, dem sehnsuchtsvollen Seufzen und dem glockenhell glücklichen Lachen der makellosen Schönheiten.

Also Glotze aus und einfach mal durch die Stadt fahren?

Aber nur ohne Verkehrsfunk.

Würde man den DJs und Radiomoderatorinnen der Pop-Kanäle alle zweideutigen Formulierungen und zotigen Anspielungen verbieten, gäbe es ihren Job nicht mehr. Während Verwaltungsbürokraten mit Polizisten darüber ratschlagen, welche Verkehrsbeschilderung die eindeutigste und auffälligste wäre, leuchten und strahlen von den Seiten- und Rückwänden der Bushaltestellen Claudia Schiffer und Naomi Campbell in Über-Lebensgröße. In knappen Bikinis von H&M. Auch an Ampeln. Eine Statistik über ablenkungsbedingte Auffahrunfälle gibt es nicht.

Also öffentliche Verkehrsmittel benutzen?

Aber nur blind.

Unabhängig von Jahreszeit und Außentemperatur tragen nämlich nicht nur Teenagermädchen, sondern auch Damen fortgeschrittenen Alters Hüfthosen mit bauch- und nierenbeckenfreier Kleidung. Was von hinten die Steißbein-Tätowierung (umgangssprachlich das „Arschgeweih") und von vorne den Stand der Schamhaar-Rasur ansichtig macht.

Also lieber lesen oder ins Theater gehen?

Aber nur Klassiker.

Ein neuer Roman ohne detailliert geschilderten Geschlechtsakt, ein modernes Theaterstück ohne Nackte auf der Bühne sind eher unwahrscheinlich.

Evangelikale und konservativ katholische Ratgeberbücher für Männer empfahlen an dieser Stelle immer: „Einfach wegschauen!" Was ungefähr so realistisch ist wie ein Wohnortwechsel nach Grönland. Oder: „Die Augen schließen und beten!" Was beim Autofahren gefährlich ist und in der U-Bahn zu verpassten Haltestellen führt. Die logische Konsequenz der frommen Klage über unsere verderbte Welt wäre ja eigentlich die Kopftuch- und Schleierpflicht.

Für Frauen, versteht sich. Der iranische schwarze Tschador oder, noch besser, die blaue afghanische Ganzkörper-Burka, wie sie von den radikalislamischen Taliban bis 2001 vorgeschrieben war.

Mächtige Männer, nicht nur im Islam, haben es immer verstanden, ihre Fixierung auf sexuell stimulierende optische Reize zu einem Problem der Frau zu erklären. Statt dass sie sich selbst eingestehen und gelassen feststellen: „Ja, lange schlanke Beine, ein wippender Gang und ein schöner Busen sind auch für mich echte Hingucker." Aber nein, zum angeblichen Schutz gegen ihre eigene Verführbarkeit wurden Kleidervorschriften durchgesetzt („knöchellang"), moralische Urteile gefällt („nuttig"), oder der weibliche Körper generell verteufelt.

Ich habe muslimische Männer kennengelernt, die das „Verstecken der Frau" in der Öffentlichkeit als eine Diskriminierung ihrer eigenen Männlichkeit begreifen: „Was für ein unbeherrschtes Tier muss ich sein, dass Frauen vor meinen Blicken geschützt werden müssen!"

Natürlich tragen auch die Frauen ihren Teil der Verantwortung. Wie sie sich wann und wo kleiden. Was sie signalisieren wollen. Dass aber künstliche visuelle Verbannung nichts nützt, wussten schon die Einsiedlermönche und Wüstenväter des 2. und 3. Jahrhunderts („Die Versuchungen des heiligen Antonius"): Was ich nicht sehen kann, stell ich mir halt vor.

Eifersüchtige Ehefrauen und eifernde Sittenwächter unterschätzen nämlich meist zwei Tatsachen:

1. Männer können nicht nicht sehen. Zu verlangen, ein Mann möge doch bitte eine erotisch reizvoll aussehende Frau „nur als Mensch" wahrnehmen, ist etwa so realistisch wie die Forderung

„Lesen Sie diesen Satz jetzt nicht!"
Na? Doch gelesen? Sie ungehorsamer, lüsterner Leser, Sie!

2. Männer können aber durchaus „nicht träumen". Also nicht minutenlang tagträumen, wie es wäre, mit der schönen Fremden zu schlafen. Männer können sehr wohl und blitzschnell „erwachsen werden" in dem Sinne, dass schon der zweite Gedanke sie zivilisiert, diszipliniert und respektvoll in einer Frau tatsächlich die Person sehen lässt, den ganzen Menschen wahrnimmt und ernst nimmt.

Die verheirateten und frommen Männer, denen Jesus von Nazareth die „Bergpredigt" hielt, bildeten sich viel darauf ein, das Gebot „Du sollst nicht ehebrechen" nie übertreten zu haben. Um ihnen deutlich zu machen, dass in Gottes Reich der Liebe und der „besseren Gerechtigkeit" aber nicht äußerliche Gutbürgerlichkeit, sondern innere Haltungen und Einstellungen zählen werden, radikalisiert Jesus das Ehebruchs-Verbot zu einem dreigliedrigen Satz: „Wer eine Frau ansieht …" (das ist sogar im verschleierten Orient unvermeidlich), „… um sie zu begehren, zu besitzen …" (hier, bei der sexuellen Habsucht, bei der Verdinglichung der Frau zum Objekt, beim unbeherrschten Kapitulieren vor den eigenen Trieben, liegt der Knackpunkt), „der hat mit ihr schon die Ehe gebrochen in seinem Herzen" (nämlich *ihren*

Mann und *seine* Frau in Gedanken betrogen). Matthäusevangelium, Kapitel 5, Vers 28.

Also Ehebrecher, so weit das Auge reicht, auch in der Kirche. Und doch kein Grund zur Verzweiflung. Denn Jesus ist gekommen und gestorben, um Sünden zu vergeben. Auch den Ehebruch. Den physisch vollzogenen (Johannesevangelium, Kapitel 8, Vers 11) und den in Gedanken erträumten (1. Johannesbrief, Kapitel 1, Vers 9).

Reife durch Routine

Der gute alte Martin Luther hat das Problem so beschrieben: „Dass die Vögel über meinen Kopf fliegen, kann ich nicht verhindern. Dass sie darauf Nester bauen, schon." Solche „luthersche Persönlichkeitsreife" entsteht aber selten durch moralinsaure Tipps. („Wenn die Anfechtung kommt, zähl ich bis fünfzig.") Ein reifer, gelassener, im guten Sinne „vernünftiger" Umgang mit Auslöserreizen entsteht vielmehr durch Routine. Der kleine Junge darf Mama im Bad nackt sehen. Der flaumbartpicklige Teenager kann im Sportverein, beim Tanzen und beim Sommercamp im Rahmen allseits akzeptierter Regeln Mädchen anfassen. Der Azubi im Betrieb muss ein korrektes Verhalten Kolleginnen gegenüber einüben. Die verheiratete Frau „erwischt" ihren Mann nicht dabei, dass ihm gerade eine andere „auffällt", sondern beide Ehepartner sprechen schon seit Jahren und des Öfteren darüber, wer wem sonst noch gefällt – was in einer Atmosphäre der Liebe füreinander und der Treue zueinander tatsächlich geht, ohne dass der Mann damit seine Frau herabwürdigt oder verletzt.

Wenn Frauen solche „Reife durch Routine" für utopisch halten, weil „Männer ja doch immer nur an das Eine denken", dann ist das sexistisch und männerverachtend, finde ich.

Häusliche Gewalt, sexuelle Nötigung und Vergewaltigung in der Ehe sind in rigoristischen, moralisch autoritären Gesellschaften häufiger als in liberalen. Man mag der Übersexualisierung unserer öffentlichen

Kommunikation und der brutalen Kommerzialisierung der Erotik überdrüssig sein, man mag die westlich-libertinäre (Un-)Moral unserer Kultur beklagen: Weibliche Reize öffentlich wegzusperren, um hinter verschlossenen Türen dann ihretwegen auszurasten – das ist das Problem, nicht die Lösung. Auch, aber nicht nur, für manche islamischen und russlanddeutschen Männer.

„In der Woche zwei bis vier …

… schadet weder ihm noch ihr“, sollen Martin Luther und Katharina von Bora auf die Frage geantwortet haben, wie oft der Geschlechtsverkehr empfehlenswert sei. Der sexuelle Overkill in den Medien und die unerbittliche Allgegenwart von Sex in der Öffentlichkeit lässt brave Christenmenschen bisweilen vermuten, Männer und Frauen ohne moralische Barrieren fielen allnächtlich übereinander her. Pustekuchen. An die beachtliche Vorgabe eines vitalen Theologieprofessors und einer entlaufenen Nonne im Spätmittelalter reichen berufstätige Männer und Frauen im 21. Jahrhundert schon lange nicht mehr heran. Als Norbert Kluge und Marion Sonnenmoser im Oktober 2000 vom erziehungswissenschaftlichen Institut der Universität Koblenz/Landau ihre groß angelegte Forschungsarbeit „Die Sexualität der Deutschen“ veröffentlichten und dann im Januar 2001 noch einmal die Expertise „Sexualität unter dem Einfluss religiöser Normen“ vorlegten – finanziert übrigens vom Land Rheinland-Pfalz und dem Kondomhersteller Blausiegel –, da untermauerten sie mit präzisen Zahlen lediglich, was *Spiegel, Focus* und *Stern* wenige Jahre zuvor bereits ahnungsvoll verbreitet hatten: Allerhöchstens ein- bis zweimal wöchentlich wird in Langzeitbeziehungen miteinander geschlafen. Und das ist wahrscheinlich nach oben geschönt, wie die pfälzischen Wissenschaftler einräumen: Sexuell besonders aktive Paare zwischen 20 und 30 seien in ihrer Untersuchung überdurchschnittlich stark repräsentiert und „wirklich präzise Auskünfte“ von Über-40-Jährigen schwer zu bekommen gewesen. Meint wohl im

Klartext: Es herrscht noch totere Hose, als ohnehin angenommen. Am wenigsten „läuft" bei den Singles über 30. Gerade von denen denken aber Verheiratete bisweilen neidisch, sie täten „es" besonders häufig, da sie ja ungebunden und permanent auf der Jagd seien. Nein, der „One-Night-Stand" ist nur in Seifenopern und Taschenbuchkrimis folgenlos und häufig. Im wirklichen Leben ist er eher kompliziert und die Ausnahme.

Wer sind die Beischlafkiller?

Migräne bei ihr? Potenzprobleme bei ihm? Unruhig schlafende Kinder im Nebenzimmer? Nein, es sind das Fernsehen, der Computer und der Stress im Beruf. Knapp 25 Jahre nach Zulassung der Privatsender (durch einen katholisch-christdemokratischen Kanzler Kohl übrigens, der eine „geistig-moralische Wende" versprochen hatte ...), hat der konsumierte Sex vor der Mattscheibe den kommunizierten Sex im Bett siegreich geschlagen. Die damals noch kopfschüttelnd registrierten Sprüche von RTL-Gründungsdirektor Thoma („Oberweiten sind auch Reichweiten", „Quote macht man mit Toten und Titten") haben sich fatalerweise als wahr erwiesen. Die mediale Darstellung von Sex ersetzt den real praktizierbaren. Warum? Weil die Liebeserklärungen im Film romantischer klingen und die Flirts im Werbeclip schneller erfolgreich sind. Weil keine reale Frau und kein realer Mann, auch keine reale Schlafzimmerkulisse an die Schönheitsideale und Reizpotentiale heranreichen, die in sorgfältig arrangierten Sexfotos und Sexfilmen inszenierten werden. Sie suggerieren, die erotische Spannung sei umso höher, je „freizügiger" eine Frau ihren Körper darbiete und je „offener" ein Mann sein Bedürfnis nach Triebabfuhr darlege. Kein sexuelles Verlangen sollte mehr verschwiegen oder aufgeschoben werden, keine Lust nur gefühlt oder erahnt sein – alles muss bitte fix ge-

Die mediale Darstellung von Sex ersetzt den real praktizierbaren.

ordert, prompt geliefert und proper präsentiert werden. Und dann „besorgen“ es Frauen und Männer einander. Was eine verräterisch aufschlussreiche Redeweise aus dem Wirtschaftsleben ist und die saublöde Egozentriker-Frage „War ich gut?“ nur logisch erscheinen lässt.

Solche „Besorgungen“ schmecken im richtigen (Sexual-)Leben so, wie sie heißen. Nach Fastfood nämlich. Männer mögen sich damit kurzfristig zufriedengeben. Frauen bleiben notorisch unbefriedigt – und lassen es dann lieber. Über sich ergehen. Oder ganz.

Von wegen Martin und Katharina …

Der Kleine lässt sich nichts befehlen …

Kann „Mann“ heutzutage noch für ein und dieselbe Partnerin ein zärtlicher Lover sein?

Mit „Liebhaber“ ist hier einmal nicht ein heimlicher Geliebter gemeint, sondern der schlicht und einfach seine Frau aufrichtig liebende Mann. Dass er trotzdem beim Sex mit ihr seinen Samenerguss entweder immer später oder gar nicht mehr bekommt, liegt selten an der Monogamie. Oft dagegen an der „Last der Bilder“. Der Einzug des Internets in alle Lebensbereiche hat jene Sex-Akrobatik überall und jederzeit anschaubar gemacht, deretwegen „notgeile“ Männer vor 25 Jahren noch mit hochgeschlagenem Mantelkragen in speckige Bahnhofskinos schlichen. Bezeichnenderweise sind die Umsatzzahlen der Porno-Industrie in jenen zwei Regionen Amerikas am höchsten, die politisch konservativ und religiös-moralisch besonders rigoros sind: in Südkalifornien und im „Bible Belt“ der Südstaaten.

Die Paarungen sind vorgeblich ekstatisch, tatsächlich wohl nur gymnastisch-artistisch, in ihrer Wirkung beim männlichen Betrachter aber hochdramatisch: Seine sexuelle Reizschwelle wird nämlich permanent heraufgesetzt. Seine Sensibilität für weibliche erotische Signale und seine Wertschätzung weiblicher Bedürfnisse werden permanent herabgesetzt.

Liebevoller Sex ist verkörperte Verehrung. Pornografie ist verkörperte Verachtung.

Gegen die Erniedrigung der Frau protestierte in den 80er-Jahren Alice Schwarzer mit ihrer Kampagne „PorNo!“. Leider so vergeblich wie Don Quixote gegen die Windmühlenflügel.

Gegen die Erniedrigung des Mannes protestiert niemand. Er selbst am allerwenigsten. Nur sein eigenes heikles Zeugungsorgan protestiert. Und das erfolgreich. Pornografiekonsum macht nämlich in letzter Konsequenz impotent. Was soll nach den immer „schärferen“ Filmen kommen? Sex mit Tieren? Kinderpornografie? Eine Live-Vergewaltigung vor der Webcam? Der arme Voyeur schreckt sofort zurück. Nein, natürlich nicht.

Liebevoller Sex ist verkörperte Verehrung. Pornografie ist verkörperte Verachtung.

Aber zu spät: Jenes Körperteil, das sich bekanntlich nichts befehlen lässt, verweigert immer häufiger den Dienst, wenn eine reale Frau mit echten Gefühlen wirklich geliebt werden will. Wenn sie ehrlicherweise nicht nymphomanische Unersättlichkeit vortäuscht, sondern mit ihrem Herzgeliebten bis auf den Grund der Seele verschmelzen will. Zweckfrei. Hingegeben und absichtslos. Von der inneren Haltung her vergleichbar mit einem selbstvergessenen Kind, von dem wir manchmal sagen, dass es „in sein Spiel versunken“ sei. Versunken in einem unvoreingenommenen, grenzenlosen Vertrauen. Sich verströmend und aufgelöst in einem „siebten Himmel“, den man nur geschenkt bekommen kann. Den man nicht durch prüfende Selbstbeobachtung erreicht und nicht auf einem Taschenrechner im Kopf herbeirechnet.

Dieses spannende Prickeln und Knistern …

Der prickelnde „Kick“, die erotische Spannung, das „Knistern in der Luft“ und die seit Herbert Grönemeyer viel zitierten „Flugzeuge im Bauch“ entstehen in einem geradezu altmodisch anmutenden Augenblick: im Moment der Überwindung von Scham.

Wenn Mann und Frau eine noch nie oder selten berührte Grenze überschreiten. Wenn sie, vor Aufregung atemlos, einverstanden werden, etwas „Ungeheuerliches“ zu tun. Jeder und jede, so sollte man vermuten dürfen, erinnert sich noch sehr genau an das Herzklopfen beim ersten Zungenkuss, an das Öffnen des ersten Hemdknopfes vor dem „ersten Mal“.

Die erotische Dichte dieser Situation war nicht abhängig davon, wie schönheitsideal die Haut unter diesem geöffneten Knopf schimmerte. Sondern davon, wie viel Herantasten, wie viel schrittweises Gewährenlassen dabei war. Für die Literaten vergangener Jahrhunderte, für Maler und Musiker, Tänzer und Theatermacher ist das ein alter Hut, aber ein stets funktionierender Trick: Steigerung der lustvollen Spannung durch anfängliche Verweigerung, dann Verzögerung, vorsichtige Ergebung und schließlich willige Eroberung/williges Erobertwerden durch den Partner/die Partnerin.

Gibt es diesen Moment der Überwindung von Scham aber nicht mehr, gibt es weder Verbot noch Verhüllung, weder Verzögerung noch Vorbehalt, herrschen weit und breit und jederzeit nichts als plumpe Begierde und zappelige Bereitschaft – dann brauchen wir uns über die rasant abfallende Spannung im sexuellen Stromkreis des Mannes nicht zu wundern.

Anders, als die Alten dachten ...

... hat sich das Sexualverhalten der heute 15- bis 30-jährigen jungen Männer verändert.

Eine stille sexuelle Revolution, könnte man fast sagen. Von den Medien erstaunlich unbeachtet übrigens. Weil die jungen Männer von heute nicht wie weiland Rainer Langhans in der legendären „Kommune 1" 1968 nackt und frech als Bürgerschreck posierten („Wer zweimal mit derselben pennt, gehört schon zum Establishment"), blieb der reflexartige Aufschrei der üblichen Empörten diesmal aus. Ein baldiger Untergang des christlichen Abendlandes ließ sich an ihrem Beispiel auch nicht vorhersagen, und so entging sogar den evangelikalen Alarmblättern die unauffällige, brav angepasste Verhaltensänderung der in den 80er-Jahren geborenen Kinder:

Gehen wir erstens getrost davon aus, dass jeder Junge, der das 20. Lebensjahr erreicht hat, die oben beschriebene Verlagerung der Sexualität aus der Wirklichkeit in die virtuelle Welt beobachtet hat. Gehen wir zweitens davon aus, dass keine real existierende Mitschülerin an seine Pornobilder im Kopf heranreichen wird und will, sondern, ganz im Gegenteil, ihrerseits hohe Ansprüche und von Mädchen-Zeitschriften genährte Erwartungen an einen „zärtlichen, romantischen, einfühlsamen" Freund und Lover hat. Addieren wir drittens noch hinzu, dass Mädchen – ohnehin kommunikativer veranlagt und sozial meist besser vernetzt – mit ihren alleskönnenden Handys alles allen Freundinnen sofort mitteilen können. Macht summa summarum: eine tief sitzende Angst der Jungen vor dem Versagen im Bett. Das in allen Generationen immer gleich gebliebene Lampenfieber vor dem „ersten Mal" ist hier nicht gemeint, sondern eine neue, sehr berechtigte Sorge, im „Ernstfall" nicht zu genügen. Nicht gut zu sein. Sich zu blamieren.

Noch vor einer Generation waren es die Frauen, die beim Sex gegen die Angst vor dem Verglichenwerden kämpften. Jetzt sind es die jungen Männer.

Noch vor einer Generation waren es die Frauen, die beim Sex gegen die Angst vor dem Verglichenwerden kämpften. Jetzt sind es die jungen Männer.

Noch vor einer Generation waren es die Väter, die bei Testosteron-Stau sportliche Aktivität als Triebabfuhr empfahlen. Für ihre Söhne ist Sport nicht die Alternative zum Sex, sondern der Sex *ist* der Sport! Ein Leistungssport, der per SMS und MSN halböffentlich stattfindet und von einer unbarmherzigen Jury im Kopf kommentiert und bewertet wird.

Hinzu kommt die Erfahrung, dass Mädchen sich zwar supersexy anziehen und all die angelesenen oder in TV-Serien gelernten Tricks der Verführung gerne mal an einem Jungen ausprobieren, ihn dann aber, wenn's endlich zur Sache gehen könnte, knallhart abblitzen lassen oder sogar verspotten. Außen heiß und innen kalt. Verliebt sein und trotzdem alles unter Kontrolle halten. Dauernd verlockende Signale senden, den Angelockten aber nie ankommen lassen. Einen „Abstands- und Verhütungs-Eros, durch Ersatzhandlungen und Umweg-Rituale ersetzten Geschlechtsverkehr" nannte das *Die Zeit* im Sommer 2006.

Die Töchter und Enkelinnen der ersten *Emma*-Leserinnen von einst fürchten nämlich zwei Dinge wie die Pest: von einem Jungen benutzt, gedemütigt und seelisch verletzt zu werden. Und: schwanger zu werden.

In Deutschland werden jährlich rund 215.000 Ehen geschieden. Davon betroffen sind grob geschätzt 100.000 Kinder unter 18 Jahren. Nicht mitgezählt sind die Kinder aus standesamtlich (noch) nicht aktenkundigen Trennungen und die Kinder aus nichtehelichen Partnerschaften, die auseinandergehen. Alle diese Kinder und Jugendlichen müssen irgendwie mit dem Verlust ihrer Ursprungsfamilie fertig werden. Viele müssen ausgerechnet in den Jahren ihrer Pubertät mit dem Einzug eines neuen Lovers ihrer Mutter oder dem Auftauchen einer Stiefmutter fertig werden. Schön, wenn dieser Prozess gutgeht. Folgenschwer, wenn er nicht gutgeht.

Erkenntnisgewinn für die Mädchen: Sex bringt zwar kurzfristig Spaß, langfristig aber auch viel Ärger. Und manchmal sogar den Totalverlust jeglicher Geborgenheit und Sicherheit. Lassen wir es also lieber gleich?

Erkenntnisgewinn für die Jungen: Flirten ja, fummeln auch. Aber Vorsicht vor echter Penetration. Kondome sind nicht wirklich sicher, ob sie tatsächlich die Pille nimmt, weißt du nicht, und ob „es" ihr wirklich was bedeutet, weißt du erst recht nicht.

Lassen wir es also lieber gleich?

„Aber die Hormone sind doch seit Jahrtausenden dieselben", protestieren Eltern manchmal, wenn sie das neuartige Misstrauen, die unerklärliche Zögerlichkeit und Skepsis ihrer Kinder gegenüber der Sexualität beobachten. „Sexuelles Verlangen ist schließlich eine anthropologische Konstante!" Richtig.

Aber: Für Menschen, die heute 50 Jahre und älter sind, die also ihre Pubertät und Adoleszenz in den 60er- und 70er-Jahren durchlebt haben, war Sexualität ein verwunschenes, geheimnisumwittertes, verbotenes Land, das man sich voll Abenteuerlust und Gewissensqualen eroberte und staunend in Besitz nahm.

Für die Jahrgänge ab etwa 1975 ist Sexualität dagegen längst entzaubert, kein Geheimnis mehr, selten verboten und im Wesentlichen eine unberechenbare Macht, die sich halb einladend, halb bedrohlich unaufgefordert in alle Lebensbereiche drängt. Jedes Kind, in dessen Haushalt ein TV-Gerät steht, (und in 96 Prozent aller Haushalte steht eins), hat bis zu seinem 14. Lebensjahr rund 250.000 Werbespots gesehen, schätzen die LfKs, die Landesmedienanstalten für Kommunikation. Die Aufgeregtheit, mit der diesem Kind die Sexualität und all ihre Abenteuer präsentiert wurden, hat sich abgenutzt und einer achselzuckenden Gleichgültigkeit Platz gemacht.

„Meine Güte, es sind doch nur Brüste ...", sagt Anna Scott (gespielt von Julia Roberts) im Film „Notting Hill", als sie den zappeligen William (Hugh Grant) bereitwillig unter ihre Bettdecke schauen lässt. Für Pubertierende und junge Erwachsene ist es eine Frage der Vorbeugung, der Frust-Prophylaxe, der vorausschauenden Schadensbegrenzung, wenn sie sagen: Sex sollte man ruhig praktizieren, ja, meinetwegen, aber man darf ihn bloß nicht zu hoch hängen. Ihm keine große Bedeutung beimessen. Denn eins wollen junge Männer und Frauen im frühen 21. Jahrhundert noch dringlicher als Sex: keinen weiteren Ärger, bitte. Keine Brandbeschleuniger in einer ohnehin unsicheren Welt.

Könnte es sein, dass Sexualität im Kino und TV unter anderem deshalb so häufig (und so kreativ!) zur Comedy und zur Farce wird, weil sie in den Herkunftsfamilien der Akteure ein Drama war? Und in den Familien der Zuschauer noch eins ist? Weil man ihre Gefährlichkeit am besten durch Gelächter bannt?

Enthaltsamkeit aus Misstrauen?

Neo-Puritaner und Moralisten begrüßen das Misstrauen der jungen Leute bisweilen als „historischen Pendelschlag gegen die sexuelle Revolution der 68er", als „Rückkehr der Jugend zu christlich-konservativen Werten". Die geringer werdende Zahl ungewollt schwangerer Teenager und die gelegentlichen lokalen Erfolge der Gelübde-Postkarten „Wahre Liebe wartet" werden als gesamtgesellschaftliche Trend-Umkehr gedeutet, als „Ende der Spaßgesellschaft" gefeiert.

Viele junge Männer hängen die Bedeutung der Erotik deshalb so tief, weil sie als gebrannte Kinder das Feuer lieber scheuen, statt sich daran zu wärmen.

Das ist grandios missverstanden. Die heute 15- bis 30-Jährigen misstrauen dem Sex ja nicht deshalb, weil sie zurück in die Schleiflack- und Federbetten der 50er-Jahre-Schlafzimmer wollen. Oder weil sie sich künftig reiz- und versuchungsfrei kleiden möchten. Oder weil sie Sex vor der Ehe als Sünde erkannt hätten. Ihre skeptische Zurückhaltung spielt sich vor der Kulisse einer ungebremst übersexualisierten Sprache und (Medien-)Kultur ab, die ihnen zwar eigene Entdeckungen und Eroberungen vorweggenommen und damit geraubt hat, gegen die sie aber keineswegs im Namen irgendwelcher Werte protestieren.

Nein, viele junge Männer hängen die Bedeutung der Erotik deshalb so tief, weil sie als gebrannte Kinder das Feuer lieber scheuen, statt sich daran zu wärmen. Sie misstrauen der eigenen Sexualität, weil sie den Glauben an deren beziehungsstiftende Kraft und Bindungsfähigkeit verloren haben.

Aber: „An den tiefen Sinn der Dinge *nicht* glauben, das ist die Eigentümlichkeit des absurden Menschen", schrieb der Philosoph und Schriftsteller Albert Camus über den bindungsunfähigen Frauensammler Don Juan.

Nirgendwo sonst prallen völlig verschiedene Kulturerfahrungen so missverständlich aufeinander wie in Sachen Sexualität: In den Köpfen mancher Evangelikaler ist es irgendwie immer noch 1968: Die „Linken" betreiben den Sittenverfall, und der muss mit bürgerlicher Empörung und mit den Mitteln der Zensur bekämpft werden. In den Herzen mancher, seltsam leise gewordener junger Männer von heute aber ist es längst 21. Jahrhundert: Die Wirtschaft betreibt eine mediale Übersexualisierung, und in der muss ich mit meinen Verlusterfahrungen, meiner Sehnsucht und meinem Misstrauen irgendwie überleben.

Kapitel 4

Das Schweigen der Männer

Heiner klingelt bei Heinz.

„Tach."

„Ach, du bist's. Grüß dich!"

„Und?"

„Och, muss ja, ne. Jacke?"

„Lass ma, geht schon."

„So. Immer rein in die gute Stube!"

Beide betreten das Wohnzimmer.

„Laminat selbst verlegt?"

„Jo. Zwei Samstage."

„Ratz fatz, was? Respekt!"

„'n Bier?"

Heinz geht zum Kühlschrank.

„Gern. Danke."

Heiner setzt sich. Heinz auch.

„Prost."

„Prost."

Während des folgenden Schweigens schauen beide durch unterschiedliche Fenster in die Ferne.

Männer behaupten gern von sich selbst, sie verstünden sich „auch so". „Auch so" heißt: ohne viel Worte.

Wenn aber Heiner zusammen mit seiner Frau, als Ehepaar Meier, bei Heinz und dessen Frau zu Besuch ist, bei Ehepaar Müller also, dann verstehen sie sich sogar ohne wenig Worte. Und reden ab der Begrüßung eigentlich gar nicht mehr. Müssen sie auch nicht, denn:

Das freudige Willkommen drückt Heinz' Frau aus. Das Mitbringsel überreicht Heiners Frau. Nach Getränkewünschen fragt Heinz' Frau. Die Tischdekoration lobt Heiners Frau. Das dreigängige Menü serviert Heinz' Frau. Und wie sie es so toll hingekriegt hat, danach fragt Heiners Frau.

Nach dem Essen, so gegen halb zehn, sitzen Meiers und Müllers in der Couchgarnitur. Die Frauen sind bei den Themen Mode, Kaufhäuser im Vergleich, kreative Innendekoration, Ablästern über Kolleginnen, Gesundheit und Ernährung angelangt.

Wenn Heinz jetzt aufsteht und sich an der Espressomaschine in der Küche zu schaffen macht, dann hört Heiner sehr wahrscheinlich einfach weiter zu. Wie die beiden Frauen sich unterhalten. In ganzen Sätzen und aktiv einander zuhörend. Mit stichwortbezogenen Zwischenfragen, lebhaft, durchaus nicht immer einer Meinung, sich engagiert unterbrechend, lachend, tadelnd, gestikulierend.

Als höfliche, gute Gastgeberin sucht Frau Müller anfangs noch den Blickkontakt zu Heiner Meier. Beendet Sätze mit einem „Oder nicht?!" und schaut dabei in seine Richtung. Geht davon aus, dass auch ihn interessiert, was gesprochen wird. Versucht ihn mit einzubeziehen ins Gespräch.

Heiner überlegt aber gerade, ob Birkenparkett aus dem Baumarkt nicht billiger gewesen wäre als Laminat aus dem Fachgeschäft. Deshalb antwortet Heiner auf Frau Müllers Fragen streckenweise etwas wortkarg. „Kommt drauf an", sagt er zum Beispiel. Oder: „Na ja, wie man's nimmt."

Zum Glück kommt jetzt Heinz mit dem Espresso – „Zucker?" –, und da, endlich, beginnen die beiden ein Parallelgespräch. Unter Männern.

„Selber verlegt?"

„Jo."

„Mal an Parkett gedacht?"

„Schwierig wegen der Schwellenhöhe."

„Ach so, ja."

So gegen halb elf beginnen Frau Müller und Frau Meier von Kindern, Schulnoten, Geburtstagen, Urlaubsplänen, von Geldsorgen und von den alt gewordenen Eltern zu sprechen. Von Themen also, die durchaus geschlechterübergreifend von Interesse sein könnten und jeden betreffen. Auch Heiner und Heinz. Die beiden Herren aber bitten darum, mal kurz in die Garage gehen zu dürfen. Ein neues Rennrad will dort begutachtet sein.

Die Szene ist eine Karikatur, sicher. Aber ist sie völlig aus der Luft gegriffen?

Es gibt Kulturwissenschaftler, die behaupten, „das Schweigen der Männer" sei evolutionär bedingt: Auf der Jagd nach Wildbret musste der Steinzeitmann seinen Spähern und Waffenträgern knapp und präzise das Nötigste zuflüstern, ohne die scheue Beute zu vertreiben. Die Hüterin der Höhle hingegen habe nach hinten (Kind schreit, Wasser kocht) und vorne (Sturm kommt) auf Nebengeräusche und Nuancen hören und achten müssen und die Beschaffenheit von Beeren, Wurzeln und Früchten sowie ihre Konservierungs- und Zubereitungsarten wortreich mit anderen Frauen erörtert.

Es gibt auch Kulturwissenschaftler, die setzen ein paar zigtausend Jahre später an und argumentieren genau umgekehrt: „Das Schweigen der Männer" sei die weibliche Retourkutsche für jene Jahrzehnte des 20. Jahrhunderts, in denen dröhnend dominierende Männer pausenlos und rücksichtslos von Hölzchen auf Stöckchen kamen und einander Vorträge hielten. Wie am Stammtisch. Nur dass man sich diesmal im Wohnzimmer getroffen und „Frauen mitgebracht" hatte. Diese „mitgebrachten" Frauen durften „mitreden". Und waren stolz auf sich, wenn sie „mitreden konnten". Über Autos, Fußball, technische Geräte, die allgemeine wirtschaftliche Lage und die große Weltpolitik. Und wenn sie nicht oder nicht so ausgiebig mitreden konnten, dann debattierten Männer mit Männern, bis ihre Gattinnen eingenickt waren. Oder mit dem Hinweis auf Kopfschmerzen/das frühe Aufstehenmüssen/die letzte U-Bahn den Herrenabend endlich beendeten.

Irgendwann im Zuge oder im Gefolge des feministischen Aufbruchs der späten 70er-Jahre hat frau sich entschieden, nicht mehr nur mitreden zu wollen, sondern eigeninitiativ Themen zu setzen (und zwar auch die angeblich männertypischen wie Beruf, Karriere, Finanzen, Weltanschauung, Kultur, Sport, Politik) und die Gesprächsführung selbst zu übernehmen.

„Gesprächsführung" mag ein angestaubter Begriff sein oder nach gestelzten Expertenrunden bei universitären Podiumsdiskussionen klingen. Wenn sich aber niemand – weder Mann noch Frau – dafür verantwortlich fühlt, dass Themen angeschnitten werden, die alle interessieren, wenn keiner mehr darauf achtet, ob auch introvertierte oder schüchterne Anwesende im Gespräch „vorkommen" oder „sich wiederfinden" können, dann muss man sich über weinselig weggetretene Maulfaule oder nervtötend plappernde Dampfplauderer nicht wundern. Ob eine verstärkt weibliche „Gesprächsführung" allerdings geschlechterübergreifend klappt – ob also Männer bei Themen einsteigen, die Frauen angestoßen haben –, ist weniger eine Frage des jeweiligen Themas als vielmehr eine Frage des Bildungs- und Sozialniveaus aller Beteiligten. Je „einfacher gestrickt" und „sozial schwächer" die Gesprächspartner und -partnerinnen sind, umso unwahrscheinlicher ist ein lang anhaltender Gedankenaustausch zwischen Männern und Frauen. Und umso wahrscheinlicher ist es, dass geschlechtergetrennte Parallelgespräche entstehen.

Es gibt Personalchefs und -trainer in der Industrie, die haben dicke Mappen, in denen steht, was mit dem Begriff „soziale Kompetenz" alles gemeint ist. Manchem genügt schon, dass der Azubi beim Reinkommen „Guten Tag" sagt und den Anwesenden die Hand gibt. Andere verstehen unter „sozialer Kompetenz" eine Mutter-Teresa-hafte christliche Nächstenliebe und grenzenlose Opferbereitschaft. Wenn aber die in Stellenanzeigen viel zitierte „soziale Kompetenz" zum Beispiel bedeutet, mit einem wildfremden Kunden, Lieferanten oder Vertreter eine halbe Stunde angenehm zu plaudern, weil er zum Beispiel im Vorzimmer warten muss, dann kann das manch unbekümmerte Sekretärin tatsächlich besser als ihr ungelenker männlicher Chef.

Bedeutet „soziale Kompetenz" womöglich gar, dass man einem Beschwerdeführenden ehrlich zuhört, auf ihn eingeht und seinen Ärger einfühlsam zu verstehen sucht – dann haben auch hier Frauen im Beruf oftmals die Nase vorn. Erst recht, wenn der beschwerdeführende Mensch „auf 180" und ein Mann ist. Der erstaunlich hohe Anteil männlicher Teilnehmer an Fortbildungskursen zum Thema „Konfliktmoderation – Kommunikation – Gesprächsführung" scheint sowohl diese Beobachtung als auch das gewachsene Problembewusstsein zu belegen.

Nun kennt jeder zu jedem Trend die ihn widerlegende Ausnahme. „Alles eine Frage des Typs und des Temperaments", mag man einwenden, „es können nicht alle gleich kontaktfreudig und redegewandt sein!"

Richtig.

Wie aber kommt es dann, dass auf Firmenfeiern, bei öffentlichen Empfängen, in der Konzertpause oder in den Foyers der Hotels mehrheitlich Frauen mit Frauen und Männer mit Männern reden? Dass sich im öffentlichen Leben die Geschlechter scheinbar wieder auseinanderbewegen?

Es ist natürlich kein soziologischer Beweis, aber eine vielleicht aufschlussreiche Beobachtung am Rande: Die ARD hat ihre „Tatort"-Krimis regionalisiert. Ulrike Folkerts alias Lena Odenthal ermittelt in Ludwigshafen/Mannheim, Peter Sodann alias Bruno Ehrlicher in Dresden und Leipzig, Klaus J. Behrendt alias Max Ballauf in Köln usw. Damit auch jeder Zuschauer kapiert, wo dieser „Tatort" spielt, treffen sich die Polizisten mit ihren Zeugen und Verdächtigen am liebsten an „typischen" Plätzen der Stadt. Kölner Domplatte, Dresdener Zwinger, Stuttgarter Schlossplatz. Nicht immer werden die sogenannten „Hintergrund-Passanten" dieser Szenen als inszenierte Komparsen dreizehnmal durchs Bild geschickt, manchmal sind es „echte", zufällig Vorbeigehende, die der Kameramann mit einem „Publikumsschwenk", mit einem „Ambient-Shot" einfängt. Der NDR-„Tatort"-Schauspieler Robert Atzorn „ermittelt“ in seinen aktuellen Hamburg-Krimis natürlich an genau derselben Ecke Jungfernstieg/Colonnaden wie sein Vorgänger Manfred Krug alias Kommissar Stoever in den 80er- und 90er-Jahren dies tat. Oder, noch schwarz-weiß, der bärbeißige Walter Richter, alias „Kommissar Trimmel“, in den 60ern. Die Kulisse ist seit 40 Jahren dieselbe. Doch es fällt auf: Früher saßen mehr Paare in den Straßencafés oder auf den Bänken entlang der Innenalster. Mann mit Hut hilft Dame im Glockenrock auf den Bootsanleger. Dame mit Schirm hakt sich bei Herrn im Regenmantel unter usw. In neuen Filmen dagegen kommt eine Mädchengruppe von der U-Bahn-Treppe hoch, strebt ein Trupp Männer aus dem Bürogebäude dem Parkplatz zu, sitzen in den Kneipen Männer bei Männern und Frauen bei Frauen. Zufall?

Dass „die Jugend“ heute aber doch forscher aufeinander zuginge, ist unbelegt. Gerade auf öffentlichen Partys, bei Hip-Hop-Events oder in den Discos herrscht zu Beginn des Abends oft eine seltsame Geschlechtertrennung, die umso ängstlicher eingehalten wird, je jünger die Gäste sind.

Und die Alten?

Es gibt Paartherapeuten, die wollen beobachtet haben, dass „das Schweigen der Männer“ in langjährigen Ehen zunehme. Die Rollen sind verteilt („Mach du mal das Reden, ja?“), die Anekdoten altbekannt, („Und da sagt doch dieser Taxifahrer zu mir … Oder hab ich euch das schon erzählt?“), konflikthaltige Reizthemen sind unerwünscht („Fang jetzt bitte nicht davon an!“), und überraschende neue Einsichten oder Argumente werden plattgebügelt („Das ist doch dasselbe in grün.“)

„Gleich nehmen die Frauen ihre Männer auf den Schoß und klopfen ihnen auf den Rücken, damit sie Bäuerchen machen.“

„Mir ist aufgefallen, dass in sehr lange bestehenden Partnerschaften fast immer die Frauen das dominierende Element sind“, schrieb der wunderbar lakonische Satiriker der *Zeit*, Harald Martenstein. „Siebzig- oder achtzigjährige Ehemänner müssen fragen, was sie anziehen sollen und welche Schuhe dazu passen. Die Frauen reden, sie schweigen. Die Frauen geben Anweisungen, die Männer führen sie aus. In einer Gesprächssituation wiederholen ältere Männer häufig das, was ihre Frau eben gesagt hat. Zum Teil wortwörtlich, und merken es nicht mal! Ich denke immer: Gleich nehmen die Frauen ihre Männer auf den Schoß und klopfen ihnen auf den Rücken, damit sie Bäuerchen machen."

Es ist fast halb zwölf geworden, bis Heiner und Heinz aus der Garage zurückkehren. Beim Abschied im Hausflur sagt Frau Müller zu den beiden Meiers: „Wir sollten uns bald mal wieder treffen!"

Und meint: *Wir*, wir zwei Frauen, könnten uns doch auch so mal treffen." „Auch so" heißt bei ihr nicht: „ohne viel Worte", sondern: „ohne unsere Männer".

Kapitel 5

Ich spür's in den Genen, Herr Doktor …

Der alles entscheidende kleine Unterschied am Anfang ist ein Y-Chromosom. Das entscheidet allerdings nur eines, ob sich nämlich beim Embryo die bereits entwickelten geschlechtsneutralen Keimzellen (Gonaden) zu Hoden oder zu Eierstöcken entwickeln. Diese Entscheidung ist fast immer schwarz-weiß, außer in den sehr seltenen Fällen, bei denen ein XXY-Chromosom auftritt. Im Großen und Ganzen gilt jedoch beim chromosomalen Geschlecht: entweder männlich oder weiblich. Von nun an gibt es eine Kette von Ereignissen, die Einfluss auf die jeweilige nächste Ebene der Geschlechterdifferenzierung haben.

Das „chromosomale Geschlecht“ hat durch die unterschiedliche Entwicklung der Keimzellen einen starken Einfluss auf das „innere Geschlecht“. Denn auch wenn beide Geschlechter sowohl männliche als auch weibliche Hormone produzieren und brauchen, produzieren Hoden mehr männliche Hormone (hauptsächlich Testosteron) und Eierstöcke mehr weibliche (in erster Linie Östrogen und Gestagen). Nur von diesen Hormonspiegeln hängt es ab, ob der Mensch bei der Geburt männlich oder weiblich aussieht. Und sie bestimmen später das „äußere Geschlecht“: ob eher ein Bart oder ein Busen wächst und wie stark andere geschlechtstypische biologische Eigenschaften ausgeprägt sind. Da sowohl die Hormone wie auch die Rezeptoren in unterschiedlichem Maß vorhanden sind, sind männliche und weibliche Eigenschaften bereits auf dieser Ebene unterschiedlich stark ausgeprägt. Bei Störungen im Hormonstoffwechsel kann es auch sein, dass ein genetisch männliches Kind im inneren Geschlecht männlich ist, aber äußerlich als Mädchen geboren wird. Oft ist es erst das Ausbleiben der Regel und der

Besuch beim Frauenarzt, bei dem sich die Erkenntnis durchsetzt, dass das Mädchen chromosomal ein Junge ist und dass an Stelle der Eierstöcke Hoden platziert sind. Umgekehrt können auch männliche Hormone dazu führen, dass chromosomal weibliche Föten männliche innere oder äußere Geschlechtsmerkmale zeigen.

In den allermeisten Fällen ist natürlich das innere und äußere Geschlecht eindeutig und entspricht dem chromosomalen: Bei XY entstehen Hoden und Glied, bei XX Eierstöcke und Scheide.

Die nächste Ebene der Geschlechterdifferenzierung ist die sexuelle Orientierung, in anderen Worten: ob der Mensch homo- oder heterosexuell erregt wird. Hier spielen hormonbedingte Entwicklungen im Gehirn eine wesentliche Rolle. Familiäre Häufung, Zwillingstudien, die Beobachtung genetischer Markierungen und die Untersuchung von Gehirnen homo- und heterosexueller Männer lassen keinen anderen Schluss zu: Eine homo- oder heterosexuelle Ausprägung hat mindestens teilweise biologische Ursachen. Der tragische Anlass zu vielen Forschungen auf diesem Gebiet war in den frühen 80er-Jahren des vergangenen Jahrhunderts das Aufkommen von AIDS. Die plötzliche Verbreitung unter männlichen Homosexuellen schien einen Zusammenhang zwischen sexueller Orientierung und Erkrankung nahezulegen. Außerdem waren zum ersten Mal in großer Zahl pathologische Untersuchungen an Gehirnen möglich, bei denen man über die sexuelle Orientierung des Verstorbenen informiert war. Der Kalifornier Simon LeVay entdeckte zum Beispiel, dass eine kleine Region im Hypothalamus (wo wichtige sexuelle Funktionen gesteuert werden), der sogenannte INAH 3, bei männlichen Heterosexuellen durchschnittlich etwa doppelt so groß ist wie bei Frauen. Dagegen stimmte das bei ausschließlich homosexuellen Männern nicht: INAH 3 war dort kleiner oder fehlte sogar ganz. Auch wenn man die entsprechende Region bei männlichen Ratten zerstört, zeigen diese feminines Sexualverhalten und signalisieren anderen Männchen durch die Krümmung des Rückens ihre Paarungsbereitschaft.

Es ist jedoch ebenso eindeutig, dass auf der Ebene der sexuellen Orientierung nur sehr wenige Männer ausschließlich homosexuell empfinden. Möglich, dass für einen kleinen Prozentsatz (vielleicht 2 Prozent) die Biologie ein so starker Faktor ist, dass sie niemals heterosexuelle Gefühle entwickeln können. Wie hoch der Anteil von heterosexuellen Männern ist, die theoretisch auch homosexuell erregbar wären, aber aufgrund ihrer Erziehung und gesellschaftlicher Normen einer solchen Neigung niemals stattgegeben haben, lässt sich nicht feststellen. (Im Gegensatz zu homosexuellen Männern gibt es wohl kaum heterosexuelle Männer, die unter ihrer Ausprägung leiden, dafür diskriminiert werden und mehr oder weniger verzweifelt anders werden wollen.) Eindeutig ist, dass beim praktizierten Sexualverhalten für einen Großteil aller Männer nicht alleine die Biologie, sondern auch andere Einflüsse wichtig sind. (Das „multikausale Entstehungsmodell männlicher Homosexualität" hat U. Giesekus detailliert beschrieben; in: Dieterich (Hg.), Homosexualität und Seelsorge, 1996.)

Zurück zur Geschlechterdifferenzierung: Die meisten Männer finden Frauen erotisch anziehender als andere Männer, aber die „Sowohl-als-auch-Gruppe" ist wesentlich größer als beim inneren oder äußeren Geschlecht. Dabei spielen sowohl psychosoziale wie auch biologische Faktoren eine Rolle. Welcher Faktor in welchem Maße was verursacht, lässt sich prinzipiell nicht messen. Dazu wäre es nötig, die sozialen und biologischen Bedingungen experimentell herbeizuführen, die man als Ursache der sexuellen Orientierung vermutet. Nur dann könnte man den Effekt dieser Interventionen später messen. Experimente dieser Art verbieten sich aber mit Menschen. Und durch die reine Beobachtung von *Zusammenhängen* ist die *Ursache* nicht zu ermitteln. Manche Forscher haben zum Beispiel festgestellt, dass homosexuelle Männer häufiger eine distanzierte Vaterbeziehung und starke Mutterbindungen hatten. Das könnte eine Ursache ihrer sexuellen Orientierung sein. Es wäre aber ebenso andersherum denkbar: Wenn das Kind bereits bei der Geburt „anders" wäre, was sich mangels sexueller Reife noch nicht an der Sexualpraxis zeigen würde, könnte dies ja auch zu einer veränderten Vater- und Mutterbindung führen. Der Vater könnte dem Jungen „irgendwie fremd" sein, die Mutter (mit ihrer eigenen Orientierung auf Männer) näherliegen. Welche Erklärung ist plausibler – dass biologische Sexualität die Elternbindung prägt oder dass die Elternbindung die sexuelle Orientierung beeinflusst? Die Antwort hierauf bleibt weltanschaulich begründet, wird sich aber wissenschaftlich nicht beweisen lassen. Nur so viel ist klar: Die Elternbindung reicht auf keinen Fall als alleinige Erklärung, denn auch von den stark muttergebundenen und schwach vatergebundenen Männern empfindet eine Mehrzahl heterosexuell.

Eine weitere Ebene der Geschlechterdifferenzierung ist die sexuelle Identität, also die Frage, ob sich ein Mensch als Mann oder Frau fühlt und erlebt. Wenn die sexuelle Identität mit dem biologischen Geschlecht nicht übereinstimmt, erlebt sich die Person „im falschen Körper gefangen". Diese „Transidentität" führt viele zur Verzweiflung, wird aber oft als unveränderbar wahrgenommen. Zur Behandlung kann daher eine chirurgische Geschlechtsumwandlung gehören.

Ob und welche Faktoren für die Geschlechtsidentität verantwortlich gemacht werden können – Biologie oder psychosoziale Prägungen – steht bis heute in den Sternen. Und doch gibt es noch eine kompliziertere Ebene der Geschlechterdifferenzierung: das emotional-psychologische Geschlecht, also das, was wir normalerweise als „typisch Mann" und „typisch Frau" bezeichnen. Vorwiegend feminine oder maskuline Begabungen, Neigungen und Verhaltensmuster – die gibt es. Natürlich. Sie zeigen sich aber nicht schwarz-weiß, sondern bei seelisch gesunden Menschen in einem hohen Maß als „sowohl-als-auch" (man denke an die Liste im ersten Kapitel). Es gibt biologisch bedingte Häufungen, aber keine individuelle Determinierung. Der Einfluss von Testosteron auf die Gehirnentwicklung legt eine Anzahl von Unterschieden nahe. Dazu gehören

- maskuline Beziehungsmuster: männlich geprägte Kommunikation, Liebe und Nähe,
- maskuline Selbstbehauptung,
- maskuline Sexualität.

Warum Frauen Straßenkarten rumdrehen

Bei den vielen Unterschiedlichkeiten, die zu Spannungen in der Partnerschaft führen können, gibt es ein überdurchschnittlich häufiges Muster: Er beklagt sich, dass sie immer alles ausdiskutieren muss …, alles immer furchtbar verkompliziert …, immer nur tiefschürfende Gespräche will! Sie hält dagegen: Er interessiert sich nicht …, ist ihr fremd geworden …, lässt sie nicht an seinem Leben teilhaben!

Grundlage dieser Konflikte ist meist eine ganz unterschiedliche maskuline und feminine Vorstellung davon, was Freundschaft, Verbindung, Nähe, Liebe und so weiter ausmachen und bedeuten. Zumindest teilweise ist dieser Unterschied durch hirnorganische Strukturen vorgegeben. Bei Frauen ist im Durchschnitt die vordere Kommissur, ein Bündel mit Querfasern, die beide Gehirnhälften miteinander verbinden, deutlich stärker entwickelt als bei Männern. Wie unterschiedlich die beiden Gehirnhälften wirklich sind, ist wissenschaftlich durchaus nicht so eindeutig, wie es in populärwissenschaftlichen Veröffentlichungen oft aussieht. Vermutlich sind jedoch in der linken Gehirnhälfte (normalerweise) eher rational-logische Vorgänge zu Hause, während in der rechten eher intuitiv-bildliche Vorgänge bearbeitet werden. Das heißt, dass bei Frauen die beiden Prozesse stärker miteinander verbunden sind, während sie bei Männern eher getrennt ablaufen. Beide, Männer und Frauen, haben also sowohl intuitive, stimmungsbetonte wie auch sprachliche, rationale Seiten in einem ausgewogenen Verhältnis – beide Gehirnhälften sind etwa gleich groß. Bei Frauen helfen und stören sich diese beiden unterschiedlichen mentalen Funktionen jedoch mehr, bei Männern weniger. So kommt es zum Beispiel dazu, dass die linke Gehirnhälfte, die eine Landkarte rational-logisch und ohne Schwierigkeiten auf den Kopf stellen kann, von der rechten „gestört“ wird. Die rechte meint nämlich, dass „oben“ auf der Karte auch „vorne“ sein müsse. Fährt man also nach Süden („unten“), kann man diesen Effekt kompensieren, indem man die Karte herumdreht. Genau das tun Frauen auch häufi-ger als Männer. Jetzt stehen leider die Straßennamen unlesbar auf dem Kopf ... Männer haben also im Allgemeinen deutlich bessere räumlich-geometrische Fähigkeiten, und die Tatsache, dass zum Beispiel Ingenieure und Architekten in der Mehrzahl männlich sind, ist sicherlich nicht nur kulturell bedingt. Im Gegenzug fällt es Frauen dafür leichter, die Intuitionen, Bilder, Stimmungen usw. der rechten Gehirnhälfte in die rationale Ebene logischen Denkens einzubeziehen, wodurch sie in ihren Entscheidungsfindungsprozessen oft viel mehr Wahrnehmungen berücksichtigen als ihre männlichen Gegenüber – also „ganzheitlicher" denken. Und: Sie haben damit einen viel besseren Zugang von den Sprachzentren des Gehirns (stark linksseitig) zu den auch stark von rechtsseitigen Bildern geprägten Gefühlszentren. Kein Wunder also, dass die meisten Frauen ohne Probleme über ihre inneren Empfindungen sprechen. Da es ihnen leichter fällt, ist es auch eher mit Befriedigung verbunden und damit auch bestens geeignet, zu definieren, was eine gute Beziehung ausmacht. Für die meisten Männer dagegen bedeutet es eine gehörige Anstrengung, eine Sprache für ihre inneren Empfindungen zu finden. Für viele Männer ist ein Gespräch über Inneres ähnlich schwer wie für viele Frauen, sich auf Grund einer verbalen Beschreibung vorzustellen, wie ein Viertaktmotor mit Turbolader funktioniert. Des einen Vergnügen ist also des anderen harte gedankliche Arbeit. Was für manche Frauen ein „tiefes, persönliches Gespräch" für die Beziehung bedeutet, ist für viele Männer, wenn man an einem Samstag zusammen den Keller aufgeräumt, einen Berg bestiegen oder einen Kinofilm gesehen hat.

Für viele Männer ist ein Gespräch über Inneres ähnlich schwer wie für viele Frauen, sich auf Grund einer verbalen Beschreibung vorzustellen, wie ein Viertaktmotor mit Turbolader funktioniert.

Riechen Sie es auch?

Ob eine komplexe soziale Kompetenz wie Selbstbehauptung auf eine einfache Art und Weise biologisch bestimmt werden kann, darf stark bezweifelt werden. Aber alle komplexen Fähigkeiten haben eine Art simplen Vorläufer. So wird ein Kind, das mit drei Jahren nicht rückwärts hüpfen kann, mit sechs deutlich mehr Probleme haben, wenn es im ersten Schuljahr darum geht, einfache Zahlen zu subtrahieren. Die motorische Entwicklung (Schritte vor und zurück machen) ist die gehirnphysiologische Grundlage für die abstrakten mathematischen Vorgänge Addition und Subtraktion. Ähnlich ist es mit Einfühlungsvermögen und Mitgefühl: Viele dieser Funktionen sind im „olfaktorischen System" angesiedelt, also dem Gehirnbereich, in dem wir Aromen und Gerüche verarbeiten. Kleinkinder, die hauptsächlich vor dem Fernseher sitzen und mit Cola und Fast Food ernährt werden, entwickeln in diesem Bereich nur wenige synaptische Verbindungen. Wenn es dann ein paar Jahre später darum geht, Gehirnzellen zur Verfügung zu haben, um einfühlsam und differenziert eigene Gefühle und die der anderen wahrzunehmen, wird es kritisch. Glücklicherweise ist das Gehirn aber lebenslang entwicklungsfähig, und so können emotional unterentwickelte Menschen zum Beispiel durch die bewusste Wahrnehmung von Gerüchen auch ihre emotionale Intelligenz trainieren. Kaum zu glauben, aber wahr: Wer blind den Geruch von Lavendel und Maiglöckchen unterscheiden kann, weiß auch, dass „Ärger" und „Frustration" zwei verschiedene Dinge sind und reagiert nicht auf beide Emotionen mit undifferenzierter Gereiztheit.

Die Biologie männlicher Selbstbehauptung hat möglicherweise weniger direkte, hormonelle Grundlagen (nach dem Motto: „Testosteron macht stark"), sondern basiert vielmehr auf indirekter, erfahrungsbedingter Gehirnphysiologie. Die Beschäftigung mit aromatischen Zusammenstellungen wird bei Mädchen meistens mehr gefördert (Kuchen backen und Soße abschmecken, Parfüm benutzen, Blumen riechen usw.). Das mag einer von vielen Gründen sein, warum Männer auch in sozialen Beziehungen etwas häufiger Feingefühl vermissen lassen als Frauen. Aber der Unterschied ist nicht durchgängig und auch nur gering. Vielleicht ist ausschlaggebender, dass Testosteron tatsächlich das Muskelwachstum anregt und dass Jungen deshalb fast immer kräftiger sind als gleichaltrige Mädchen. Sie machen daher auch häufiger die Erfahrung, dass sie sich durchsetzen können, wenn sie es wollen. Dadurch entwickelt sich ein Selbstvertrauen, das auch später, wenn die Muskelkraft keine Auseinandersetzung mehr entscheiden darf, zu größerer Erfolgserwartung führt.

Es ist also durchaus naheliegend, dass unterschiedliche biologische Faktoren einen Einfluss auf die Selbstbehauptung haben – allerdings sind die biologischen Zusammenhänge sicherlich weit weniger bedeutend als die Erziehungseinflüsse und gesellschaftlichen Vorbilder, von denen Jungen in diesem Sinn „profitieren".

Biologie und Sex

Dass Testosteron einen starken direkten Einfluss auf das sexuelle Erleben hat, ist unbestritten. Eine Sportlerin, die illegal mit männlichen Hormonen gedopt wurde, beschrieb, dass sie nach der Einnahme ein für sie ungewohntes und daher völlig überwältigendes Maß an sexueller Getriebenheit erlebte: „Unglaublich geil – 100 000 Volt bei jedem gut aussehenden Mann, der vorbeilief …" Die tiefe Stimme, maskuline Kinngröße und Körperbehaarung, die sich bei ihr ebenfalls entwickelten, machten sie jedoch nicht in gleichem Maß attraktiv für die vorbeigehenden Männer …

Wenn es um die unterschiedliche Sexualität von Männern und Frauen geht, weiß der Volkmund so einiges zu berichten: „Männer geben Zärtlichkeit, um Sex zu bekommen – Frauen geben Sex, um Zärtlichkeit zu bekommen." Oder: „Männer heiraten in der Hoffnung, dass ihre Frau sich nicht ändert. Tut sie aber. Frauen heiraten in der Hoffnung, dass ihr Mann sich ändert. Tut er aber nicht." Oder: „Frauen brauchen zum Sex einen Mann, den sie lieben; Männer brauchen eine Frau."

Eigentlich ist es nicht verwunderlich, dass die stärksten und eindeutigsten biologisch bedingten Unterschiede zwischen Männern und Frauen im Bereich der Sexualität liegen. Kein anderer Bereich ist so unmittelbar mit der Weitergabe der eigenen Gene an die folgenden Generationen befasst, und für keinen anderen Bereich gelten so unterschiedliche Bedingungen für Männer und Frauen, damit diese Weitergabe gelingt. So gelten zum Beispiel für Männer und Frauen bei der Ernährung so ziemlich die gleichen Regeln – wer nicht genug zu essen hat, verhungert, Vitaminmangel macht krank usw. Bei der Vermehrung gelten ganz unterschiedliche Regeln: Während Männer ihre Gene tausendfach weitergeben können (man denke an den biblischen König Salomo, der über tausend Frauen hatte und seine Kinder sicherlich nicht alle mit Namen kannte), können Frauen ihre Gene vielleicht 10- oder höchstens 15-mal weitergeben. Dieses Missverhältnis mag uns nicht gefallen, und auch wenn jemand – wie ich – an den für die monogame, lebenslange Beziehung geschaffenen Menschen glaubt: Die war in der Menschheitsgeschichte nicht üblich. Männer haben gleichzeitig und nacheinander eine größere Zahl von Frauen gehabt, haben Frauen im Krieg als Beute erobert, und wer es sich leisten konnte, hatte so viele Frauen, wie er wollte.

Männer konnten also ihre Gene nach dem „Prinzip Kaulquappe" vererben: Wer viele Frauen schwängert, kann damit rechnen, dass ein Teil des Nachwuchses überlebt. Und das sogar, ohne dass er sich selbst darum kümmert …

Ganz anders bei Frauen: Die relativ geringe Kinderzahl, die sie im Laufe ihres Lebens haben können, macht es in viel höherem Maß nötig, dass Frauen als Mütter für die „Aufzucht der Jungen" sorgen. Und das nicht nur ein paar Monate, wie bei den meisten Tieren, sondern eher um die zwanzig Jahre lang. Dazu brauchen sie einen zuverlässigen Partner, der vor Feinden schützt, bei der Nahrungsbeschaffung effektiv ist, und der dafür sorgt, dass die eigene Familie in der Hackordnung der Dorfgemeinschaft einen möglichst hohen sozialen Rang bekommt – denn der wird auf die Kinder übertragen und verbessert wiederum deren Chancen. Weibliche Sexualität dient nicht nur der Befruchtung, sondern viel stärker noch der Partnersicherung.

Weibliche Sexualität dient nicht nur der Befruchtung, sondern viel stärker noch der Partnersicherung.

Außerdem konnte eine Frau im Lauf der Menschheitsgeschichte nur dann erfolgreich Kinder großziehen, wenn sie erstens nicht zu früh damit angefangen hatte und wenn zweitens zwischen den Geburten der einzelnen Kinder genügend Zeit zur Erholung für den Körper blieb. Die Sterblichkeit im Kindbett war enorm hoch. Eine gerade geschlechtsreif gewordene, noch nicht voll erwachsene 15-jährige Frau hatte schlechte Überlebenschancen. Eine Frau, die regelmäßig jedes Jahr ein Kind bekam, war nach drei bis vier Kindern mit hoher Wahrscheinlichkeit tot. Eine Frau jedoch, die mit ausgewachsenen 18 bis 20 Jahren ihre erste Schwangerschaft hatte und dann nicht häufiger als alle zwei bis drei Jahre ein Kind bekam, konnte in ihrer fruchtbaren Lebensphase gut und gerne 10 bis 15 Kinder bekommen. Die sie dann allerdings auch großziehen musste, damit ihre Gene für die Nachwelt nicht verloren gingen.

Um für die Fortpflanzung effektiv zu sein, musste weibliche Sexualität also

- die Partnerbindung fördern, und zwar bis mindestens 20 Jahre nach der Geburt des jüngsten Kindes,
- die Häufigkeit von Schwangerschaften nicht zu sehr fördern,
- an Partnersuche interessiert sein, nicht jedoch an einer schnellen Zeugung.

Die männliche Sexualität musste dagegen fast nichts regeln. Sie musste nur dafür sorgen, dass ein Mann auf Frauen „scharf" wird, die möglichst fruchtbar sind – und genau das ist jede weibliche Eigenschaft, die wir als „attraktiv“ und „erotisch“ definieren: ein Signal für Fruchtbarkeit. In Gesellschaften, in denen Menschen verhungern, gilt die Regel: je dicker, desto schöner. In Gesellschaften, in denen Menschen an mangelnder Fitness krank werden, gilt: je sportlich fitter, desto schöner. Ähnlich kann man jede andere erotisch wirkende Eigenschaft verstehen – angefangen vom Kussmund bis zum blonden Haar. (Blond ist ein Ergebnis hoher Östrogenspiegel.)

Es ist nicht zu übersehen, dass die weibliche Sexualität also ungleich vielschichtiger, komplizierter und in sich „widersprüchlicher“ ist (in dem Sinne, dass sie gleichzeitig sich widersprechende Ziele anstreben muss: Schwangerschaft, aber nicht zu schnell oder zu oft).

Ein für die Partnerschaft wesentlicher Aspekt ist der unterschiedliche Verlauf in der Entwicklung des Sexualtriebes über die Lebenszeit von Männern und Frauen: Männer entwickeln in der Pubertät einen rasant steigenden Trieb. Mit etwa 19 Jahren erreicht er seinen Höhepunkt und beginnt dann langsam, sich wieder etwas zu entspannen. Dagegen entwickelt sich das Sexualbedürfnis bei Frauen anfangs eher zögerlich, steigt über die fruchtbare Lebensphase langsam an und pendelt sich dann zum Zeitpunkt der Menopause auf einem relativ hohen Niveau ein. Der Aspekt der Partnerbindung ist so lange relevant, wie es gilt, Kinder zu Erwachsenen zu erziehen – also mindestens zwanzig Jahre über die Menopause hinaus. Da die weibliche Sexualität sehr beziehungsabhängig ist, entwickeln Frauen in angespannten Beziehungen eher ein Desinteresse an der Sexualität als Männer.

Es ist offensichtlich, dass die unterschiedliche Entwicklung der Sexualität in der Regel zu unterschiedlichen Interessen führt.

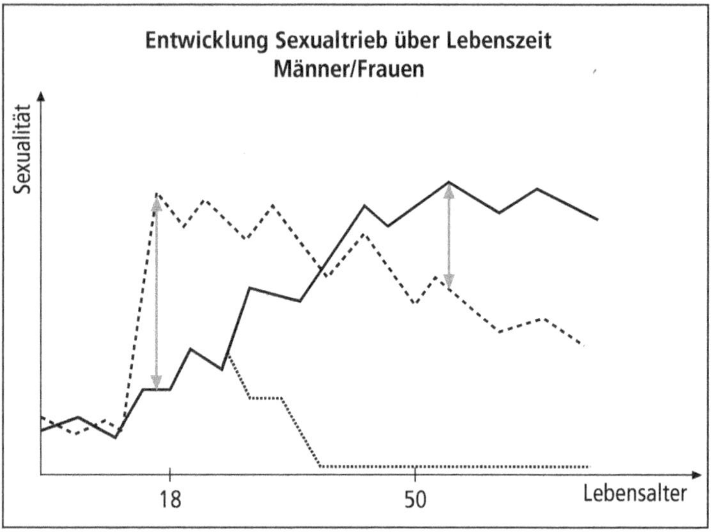

gestrichelte Linie: männlich; durchgezogene Linie: weiblich; gepunktete Linie: weibliche Entwicklung, wenn die Beziehung unglücklich ist

Die Grafik zeigt durchschnittliche Verläufe. Individuelle Entwicklungen können anders verlaufen. Die meisten jungen Paare erleben Konflikte in der Sexualität, weil das weibliche Bedürfnis nach Intimität deutlich geringer ist als das männliche. Diese Spannung stellt meist eine echte Herausforderung dar, bei der das Paar am Anfang seiner Beziehung lernen muss, wie man sich einigt. Wenn dieser Konflikt gut gelöst wird, entsteht Verständnis für die Empfindungen des jeweils anderen. Natürlich ist das geringere Bedürfnis bei Frauen auch der Grund dafür, dass es in der Regel die Frau ist, die die Entscheidung trifft, ob es zu Sex kommt oder nicht. Mit anderen Worten: Im Bett regiert sie. Er muss sich anpassen und dabei lernen, Frustrationstoleranz zu entwickeln. Mann kann lernen, der Partnerin zu sagen: „Okay – gute Nacht dann. Schlaf gut!“ Und dann kann man sich herumdrehen und selber einschlafen. (Ein Wort des Trostes: Es gibt in der medizinischen Fachliteratur kein belegtes Beispiel dafür, dass ein Mann nach drei Wochen Abstinenz geplatzt sei. Und: Das Blatt wird sich wenden!) Frau muss spätestens jetzt lernen, sich und ihre Bedürfnisse klar auszudrücken. Oft haben Frauen im Vergleich zu ihren Männern einen gewissen Nachholbedarf im „Nein-sagen-Üben". Da kann jetzt aufgeholt werden. (Und zwar bitte nicht so: „Ich würde ja gerne, mein Schatz, aber leider habe ich Kopfweh ...", sondern ehrlich: „Es tut mir leid für dich, aber ich habe jetzt keine Lust dazu.")

Oft braucht es eine Weile, bis dieser Konflikt gut gelöst werden kann. Und manchmal gelingt es auch nicht. Der Mann bedrängt, schmollt, redet nicht mehr mit seiner Frau, straft sie mit Verachtung. Im Extremfall erzwingt er seinen Willen durch seelische oder körperliche Gewalt. Die Frau verachtet ihn (weil er „immer nur das Eine will"), interpretiert sein Interesse an Sexualität nicht als Zeichen seiner Biologie, sondern als Egoismus und beginnt vielleicht, ihn über die Sexualität zu manipulieren. (Wenn er artig ist, darf er ...)

Das Ergebnis einer solchen mangelhaften Lösung: Die Beziehung wird immer angespannter – und unglücklicher. Was unter anderem dazu führt, dass sich das weibliche Sexualinteresse nicht nach oben, sondern abwärts bewegt. Und das heißt: Der Konflikt bleibt bestehen.

Wenn die Beziehung gut ist, entwickeln sich normalerweise die beiden Kurven so, dass sich das Sexualbedürfnis der Partner annähert. Und in vielen Fällen überschneiden sich schließlich die Kurven, so dass in der zweiten Lebenshälfte der Interessenunterschied in der anderen Richtung besteht. In der Ehetherapie ist das deutlich zu beobachten: Wenn Frauen jenseits der 50 über Sexualität klagen, dann nur selten, weil sie sich sexuell bedrängt, sondern in der Regel, weil sie sich vernachlässigt fühlen. Die Generation der heute über 50-Jährigen spricht allerdings selten öffentlich über solche intimen Dinge, so dass die meisten denken, sie seien die Einzigen, denen es so geht.

Während die weibliche Sexualität sowohl positiv als negativ stark von der Beziehungsqualität abhängt, ist für Männer ein anderer Störfaktor viel stärker: der Stress. Stresshormone wie Kortisol, Adrenalin und Noradrenalin unterdrücken die Produktion männlicher Sexualhormone. Die Sexualität wird dadurch zum einen weniger interessant, wenn sie aber stattfinden soll, ist ein adrenalingewohnter Körper auf viel stärkere Reize angewiesen, um eine Erregung zu produzieren. Während eine Frau nicht hocherregt sein muss, um Sexualität mit einem geliebten Mann genießen zu können, empfinden es die meisten Männer dagegen als extrem störend, wenn sie keine ausreichende Erektion erreichen. Ständiger Stress führt bei nicht wenigen Männern deshalb dazu, dass Sex nur noch dann aufregend genug für ein richtig steifes Glied ist, wenn zur erotischen Erregung die Angst vor dem Erwischtwerden kommt. Mit anderen Worten: Schmutziger Sex klappt, erlaubter nicht. Wenn Sex auf Dauer schön bleiben soll, muss sich die Sexualität eines Paares ein Leben lang entwickeln. „Nur wer sich ändert, bleibt sich treu" – dieses Wolf-Biermann-Zitat gilt für Paare mindestens so wie für das Individuum. Männer entdecken ihre „femininen Qualitäten" und werden beziehungsorientierter. Frauen entwickeln ihre maskulinen Seiten, ergreifen die Initiative und sind für ihr Selbstwertgefühl nicht mehr darauf angewiesen, die „Schönste im ganzen Land" zu sein. Denn: Guter Sex ist nicht unbedingt immer leidenschaftlich, aber auf Dauer einfühlsam, verspielt, kommunikativ, romantisch, kreativ und – vor allem – ehrlich.

Kapitel 6

Nur Kumpels, Kollegen und Konkurrenten?

„Gute Freunde sind Gottes Entschuldigung für schlechte Verwandte", soll der stets zu Sarkasmus aufgelegte englische Theaterautor George Bernard Shaw gesagt haben. Dabei hat er aber wohl Mark Twain zitiert, jenen amerikanischen Schriftsteller aus dem 19. Jahrhundert, dem wir *die* klassische Erzählung einer Jungenfreundschaft verdanken: „Tom Sawyer und Huckleberry Finn".

Der von strengen Gouvernanten überbehütete und wohlerzogene Tom Sawyer ist unterwegs in die weite Welt, sucht Freiheit und Abenteuer. Und trifft das obdachlose Alkoholikerkind Huckleberry Finn. Der ist auch unterwegs, aber nicht hinaus in die weite Welt, sondern auf der Suche nach einem Zuhause, nach Bindung und Familie. Warum werden die beiden „die dicksten Freunde", obwohl sie aus unterschiedlichen Richtungen aufeinandertreffen? Weil sie von ihrer Gegensätzlichkeit fasziniert sind und viel voneinander lernen. Weil sie einen gemeinsamen Feind haben (den schurkischen Indianer-Joe) und weil sie gemeinsam Aufgaben bewältigen müssen (den Schatz in der Höhle finden, Becky Thatcher erobern, Hucks Vater überlisten).

Karl Mays klassisches Männerfreundschafts-Paar Winnetou und Old Shatterhand funktioniert übrigens nach demselben Prinzip: große Gegensätzlichkeit, gemeinsame Feinde, gemeinsame Herausforderungen.

Die lieben Verwandten …

Jeder Mann hat einen Vater. Fast alle haben Onkel und Cousins. Viele haben Brüder. Manche haben sogar viele Schwäger. Aber kein Mann, wirklich keiner, wird bestreiten, dass sein Verhältnis zu diesen Männern von einer anderen Qualität ist als das zu seinen Freunden. Nicht besser oder schlechter, oftmals nicht mal näher oder fern stehender, sondern einfach anders. Anders, was den Grad des Wohlbefindens betrifft, wenn sie auftauchen. Das Gefühl der Akzeptanz, wenn sie da sind. Den eigenen Freiraum, den man verspürt oder zu verlieren meint, sobald sie auf unser Leben Einfluss nehmen.

Die meisten Männer empfinden vor Vätern, Brüdern oder Schwägern eine gewisse Pflicht zum „Männchen machen", also die Notwendigkeit, Eindruck zu schinden, gut dastehen zu müssen.

Glückwunsch an alle, bei denen es im positiven Sinne anders ist, aber: Die meisten Männer empfinden vor Vätern, Brüdern oder Schwägern eine gewisse Pflicht zum „Männchen machen", also die Notwendigkeit, Eindruck zu schinden, gut dastehen zu müssen. Nur zwei Prozent aller Männer können sich bei einem Verwandtenbesuch entspannen, sagen die Demographen von Forsa und Isopublic. 98 Prozent finden es viel erholsamer, mit Freunden zusammen zu sein. In „selbstgewählten sozialen Settings", so nennen Soziologen das Grillfest, glaube ich. Damit soll nicht die Familie abgewertet werden, im Gegenteil, viele sind überzeugt: „Wenn's hart auf hart kommt, ist Blut dicker als Wasser", d. h. in Notzeiten hält eine Familie wahrscheinlich verlässlicher zusammen als ein Freundeskreis. Trotz dieser Kopf-Erkenntnis steht es aber 98 zu 2 fürs bessere „Bauchgefühl" unter Freunden.

Die Stärke der schwachen Bindung

Für Frauen bisweilen irritierend ist dabei, dass Männer tendenziell auch jene Menschen zu den Freunden zählen, die für sie bestenfalls Bekannte sind. Der amerikanische Soziologe Mark Granovetter hat dazu 1995 mehrere Hundert Techniker rund um Boston befragt („Getting a Job") und herausgefunden: 56 Prozent der Befragten verdankten ihre Arbeitsstelle einer persönlichen Beziehung, kamen also durch „Vitamin B" in ihre berufliche Stellung. Wiederum 55,6 Prozent dieser Glücklichen hatten aber zu ihrer Vermittlerperson höchstens „gelegentlich" Kontakt und 28 Prozent trafen sich mit ihr „nur selten". Es waren also keine dicken Freunde, sondern höchstens entfernte Bekannte, die bei der Jobsuche von entscheidender Hilfe waren. Granovetter nennt das in seiner inzwischen klassisch gewordenen Studie „die Stärke der schwachen Bindung": „Menschen, zu denen wir eine starke Bindung haben, gute Freunde also, leben meist in derselben Welt wie wir. Sie waren auf denselben Schulen, gehen in dieselbe Kirche, besuchen dieselben Partys. Sie wissen deshalb meist nicht mehr, als man selber weiß. Entferntere Bekannte dagegen leben, zumindest teilweise, in einer anderen Welt. Sie kennen andere Leute, wissen andere Dinge und bringen uns damit auf andere, auf neue Ideen oder verschaffen uns andere, neue Möglichkeiten." Kein Wunder, dass Granovetter einen ursächlichen Zusammenhang zwischen dem beruflichen Erfolg und der Menge (nicht der Tiefe!) der Beziehungen herstellt, die ein Mensch hat. „Networking" heißt das auf Neudeutsch und ist in einer wirtschaftlichen Situation abnehmender Einkünfte und zunehmender Lebenshaltungskosten unter Umständen überlebenswichtig. Ostdeutsche ohne Gedächtnisverlust werden grimmig anmerken, dass sie solch eine „Beschaffungssolidarität" als Leidtragende der sozialistischen Mangelwirtschaft immer schon praktiziert haben.

Womit wir bei der Frage wären, was Männer und Frauen in einer Freundschaft suchen.

„Frauen umgeben sich mit Menschen, die sie mögen. Männer umgeben sich mit Menschen, die ihnen nützlich sind." Das ist ein sarkastischer Satz à la Shaw oder Twain. Aber vermutlich nicht ganz falsch. Denn außer auf materialisierbare Nützlichkeiten (ein ausleihbares Werkzeug, eine kostenlose Steuerberatung, ein beruflicher Auftrag) achten männliche „Bekanntenkreise" meist auch darauf, welche Beziehungen fürs Prestige nützlich sind. Man muss mit Doktor X, mit Künstler Y oder Lokalpolitiker Z ja gar nicht wirklich befreundet sein oder dauernd gemeinsam auftreten – es genügt schon, an anderer Stelle wahrheitsgemäß erzählen zu können, dass man ihn kennt.

„Frauen umgeben sich mit Menschen, die sie mögen. Männer umgeben sich mit Menschen, die ihnen nützlich sind."

Klingt alles ganz furchtbar grauslich? Ist menschlich schäbig und niederträchtig? Ich glaube, weder Männer noch Frauen sind ganz frei davon. Unterschiedlich scheint mir nur zu sein, dass Frauen solchen „losen Kontakten" weniger Bedeutung beimessen, weil sie ihre begrenzte Kraft und Zeit lieber auf „echte", auf „tiefe", auf „kontinuierliche" Freundschaften konzentrieren. Damit unterschätzen sie aber die „Stärke der schwachen Bindung" (und vermissen sie zum Beispiel dann, wenn sie ihren heranwachsenden Kindern einen Praktikumsplatz, ein Zimmer am Studienort oder auch nur einen Gebrauchtwagen vermitteln wollen). Männer dagegen, die der „Stärke einer schwachen Bindung" viel Bedeutung beimessen, überschätzen den Nutzen für ihr eigenes Ansehen (und beklagen ihre zahllosen, aber nur oberflächlichen Kontakte zum Beispiel dann, wenn sie wegen eines Burnouts in Kur geschickt werden oder gar krebskrank in der Klinik liegen).

Kollegen und Konkurrenten

Gehen wir noch einen grausamen Schritt weiter und reden von der gelegentlichen Notwendigkeit, aus Bekannten niemals Freunde werden zu lassen. Wenn Tom Sawyer und Huckleberry Finn nämlich nicht auf einem Floß den Mississippi hinuntergleiten, sondern als Software-Entwickler im selben Großraumbüro sitzen – dann könnte sich ein drittes, nicht sehr schmeichelhaftes Zitat bewahrheiten: „Männer haben gar keine Freunde. Nur Konkurrenten und Kollegen." So radikal stimmt auch dieser Satz nicht, aber sein Körnchen Wahrheit ist vielleicht genau der Kiesel im Schuh, auf dem sich mancher Berufstätige wund läuft. Ohne Hierarchien lassen sich Firmen normalerweise nicht organisieren. Eine enge persönliche Freundschaft über Hierarchie-Stufen hinweg birgt für die beiden Freunde aber Konfliktpotenzial („Als dein Chef müsste ich dir sagen …", „Wenn ich nicht dein Freund wäre, würde ich jetzt …"). Für die anderen Kollegen bietet die Beziehung ein unerschöpfliches Neid- und Misstrauenspotenzial („Der Chef schont wieder seinen Schützling …", „Der Herr Kollege hat das auf der Privatschiene durchgesetzt."). Es mag für das Betriebsklima vernünftig und geboten sein, Beruf und Privatleben so zu trennen, dass man sich Freundschaften am Arbeitsplatz verbietet. Denn selbst in Firmen, wo „flache Hierarchien" und gruppendynamisch wohldosiertes Teamwork vorherrschen, wo nur Vornamen und das hippe Du geduldet werden, denken Männer nun mal hierarchisch. Sie taxieren einander blitzschnell nach Status und Machtfülle – warum also den Neid und den Flurfunk durch allzu vertrautes Miteinander quer durch die Führungsebenen unnötig fördern?

Einfacher gestaltet sich die Kollegenfreundschaft, wenn die berufliche oder fachliche „Augenhöhe" stimmt und beide Männer nicht in Konkurrenz zueinander treten, sich also zum Beispiel nicht parallel um die Lösung derselben Aufgabe bemühen sollen, sich nicht um dieselbe Ausschreibung bewerben müssen oder einen ähnlichen Karrieresprung vor sich haben. Zu all dem kann es aber, ohne das sie es wollen, mit dem Federstrich einer Umstrukturierungsmaßnahme jederzeit kommen.

Es muss nicht Gefühlsarmut sein, wenn männliche Kollegen untereinander mit der Liebesvergabe sparsam sind und auch bei privaten Treffen mit Arbeitskollegen niemals vorbehaltlos sympathisieren. Eins beachten Männer aber wohl zu wenig (und verstehen Frauen nur schwer): An diese Vorbehalte kann man sich gewöhnen. Und diese Vorsicht lässt sich nach Feierabend nicht sofort abschalten. Man bleibt auch im Fußballverein, bei der nachbarschaftlichen Computerhilfe, auf einer Radtour oder nach der gemeinsamen Carport-Montage eher oberflächlich distanziert zu den – trotzdem so genannten – Freunden. Ob Tom innerlich eine Sehnsucht nach der wilden weiten Welt nährt oder Huckleberry auf der Suche nach einer Heimat ist, erfahren sie nie voneinander. Ob sich der eine in seiner Ehe wie ein kontrollierter Schuljunge vorkommt und der andere wie ein vernachlässigtes Waisenkind – Mr. Sawyer und Mr. Finn werden es einander nicht sagen. Weil sie ja erwachsene Männer geworden sind. Persönliche, tiefgehende Gespräche, unbekümmerte Offenheit oder womöglich gar Ehrlichkeit, zu der zwei Freundinnen schnell finden und die sie manchmal über Jahrzehnte hinweg erhalten können, so etwas ist selten zwischen Männern. Mit Freunden über Gefühle zu reden, die nicht beim Lattenschuss im Stadion entstanden sind, sondern beim Streit mit den Kindern am Küchentisch – wem gelingt das schon?

Was bringt's?

Sich bis auf existenzielle Ebenen einander zu öffnen, gelingt Männern seltener als Frauen. Nicht nur, weil sie sich nicht „trauen", es gelingt ihnen auch deshalb seltener, weil sie nicht glauben, „dass es was bringt".

Fragt man eine Frau, die drei Stunden mit ihrer besten Freundin im Café gesessen hat: „Und? Was hat euer Gespräch gebracht?", dann versteht sie schon die Frage nicht. Und auf eine Antwort braucht man gar nicht warten. Freundschaften von einer geradezu seelsorglichen Qualität leben nun mal nicht von Zweck, Effizienz und Ergebnis – sie feiern ihr Vertrautsein. In diesem Wort stecken ganz wunderbare Werte: einander vertrauen, etwas vertraulich behandeln, treu sein, am selben Strang ziehen, ein gemeinsames Geheimnis hüten. Was „das bringt", lässt sich nicht wiegen oder messen, es lässt sich ja nicht mal benennen. Aber eine berühmte Männerfreundschaft aus der Bibel demonstriert dieses eher weibliche Vertrautsein sehr schön: König Saul ist noch im Amt, sein Sohn Jonatan wäre eigentlich Thronfolger, der „Volksheld" David ist aber bereits als künftiger König nominiert.

Trotzdem entsteht zwischen David und Jonatan eine Freundschaft, die „mir köstlicher war als Frauenliebe", wie David später in seiner berühmten Totenklage sagen wird (2. Samuel 1,26). Als Jonatans (psychisch kranker) Vater Saul mehrmals versucht, David umzubringen, schlägt sich Jonatan auf die Seite seines Freundes und rettet ihm durch den Verrat der väterlichen Pläne das Leben (1. Samuel 20, 27-42).

„Blut fließt doch nicht immer dicker als Wasser", hat der evangelische Theologe Fulbert Steffensky diese erstaunliche Entscheidung kommentiert, „Freundschaftsbande können fester sein als Blutsbande". Jonatan ist Abkömmling einer institutionalisierten Monarchie. David ist ein Freischärler, ein Revolutionär. Modern gesprochen: Über familiäre und politische Barrieren hinweg „gewannen sie einander lieb" (1. Samuel 18,1).

Was hat die beiden denn verbunden? Ihre Beziehung zu einem dritten: zu Gott. Man kann die Männerfreundschaft zwischen David und Jonatan natürlich vorschnell und absichtsvoll als biblische Absegnung der Homosexualität interpretieren. Man kann sie aber auch behutsam zunächst nur als Beispiel dafür lesen, dass das gemeinsame Vertrauen in Gott, dass der Glaube und eine praktizierte Spiritualität eine Vertrautheit stiften und eine Innigkeit schaffen, die zum Wertvollsten gehören, was zwei Männer teilen können. „Nie habe ich einen echteren und persönlicheren Kontakt mit einem Freund erlebt, als wenn wir beide mit Gott in Verbindung standen", sagte der Schweizer Arzt und Psychotherapeut Paul Tournier.

Ob dazu charismatische „Männergebetstreffen“ morgens um 6.00 Uhr, evangelisch betreute „Männerwanderungen“ in die Alpen oder katholische „Männer-Exerzitien“ im Kloster das Beste sind, muss jeder selbst beurteilen.

Loslassen, abwerfen, ad acta legen müssten Männer dazu vielleicht nur drei Dinge:

1. Das peinliche Grinsen und die Geringschätzung des Wortes „Männerfreundschaft“ müssen aufhören. (Zur Entlastung sei gesagt: Natürlich hat der Begriff Schaden genommen, seit Helmut Kohl Mitte der 80er wimpernklimpernd beteuerte, mit Franz Josef Strauß verbinde ihn eine „tiefe Männerfreundschaft“. Die beiden verachteten sich, fürchteten einander, kämpften verbissen um die Macht in Bonn – und heuchelten krachlederne Kameradschaft.)

2. Die Homophobie muss aufhören. Die Angst also, man könne vor den Kollegen als gefühlsduselige Schwuchtel dastehen oder von den Kumpels womöglich als latent bisexuell verdächtigt werden. Dazu gehört auch die Angst, Konkurrenten könnten denken, man käme ohne wollsockige Selbsterfahrungsgruppe nicht durchs Leben.

3. Die Sorge, Ehefrauen könnten auf gute Männerfreundschaften eifersüchtig werden, muss aufhören. Das Gegenteil ist der Fall, jedenfalls bei klugen Ehefrauen. Die ärgern sich nur über die viele Freizeit, die ihre Männer mit oberflächlichem Geschwätz unter Konkurrenten und Kollegen beim „After Work“-Absacker am Stammtisch verbringen, nicht aber über die Zeit, die ihre Männer mit einem „Vertrauten“, einem „Seelenfreund“ und „Bruder im Geiste“ verbringen.

Huckleberry Finn blieb ja auch dann Tom Sawyers bester Freund, als dieser endlich von der süßen Becky Thatcher erhört wurde.

Kapitel 7

Mein Körper? Wo …, wieso …?

„Der spielt sich hier auf wie zehn nackte Neger!" Sagten wir so als Schüler über eingebildete Klassenkameraden, die selbstverliebt dahergockelten, sich unwiderstehlich fanden und von den anderen nicht ganz ernst genommen wurden. Der Satz war in den 60er-Jahren nicht rassistisch gemeint. Sogar der schwarze Baptistenpastor, Bürgerrechtskämpfer und Friedensnobelpreisträger Dr. Martin Luther King sprach bedenkenlos von „negroes" und nicht, politisch korrekt, von „Afroamerikanern". Knapp 25 Jahre nach Ende meiner Schulzeit erschien der erste nackte Neger auf dem Cover der damals neuen Frauenzeitschrift „Amica". Und wurde natürlich sehr ernst genommen. Sex bringt Auflage, und der schwarze Coverboy konnte sozusagen als gerechter Ausgleich für den erotischen Rassismus der Männermagazine mit ihren nackten Thailänderinnen geduldet werden.

„Der kann vor Kraft kaum gehen." Spotteten wir so als Studenten, wenn ein verhinderter Sylvester Stallone seine Muskelpakete zur Uni-Mensa hereintrug.

Heute wären dem Bodybuilder die bewundernden Blicke der Damen und die neidischen Blicke der Herren sicher. So viel Zeit im Kraftraum verbracht, so viel Ernährungsdisziplin! Und erst der Waschbrettbauch!

Dass Männer mit der Statur von Boxern, Ringern oder Gewichthebern auch automatisch doof sein müssen, ist ein populäres Vorurteil. Stimmt aber meist nicht. Dass sie am liebsten über sich, ihren Körper und ihre Trainingsmethoden reden, bei abstrakteren Themen dagegen schnell ermüden, stimmt meist doch.

„Guck mal, der Lustgreis.“ Grinsten wir manchmal als junge Familien am Badeort, wenn ein faltiger Opa sein silbernes Brusthaar aus dem offenen Hawaii-Hemd quellen ließ und neben seiner blutjungen Partnerin mit tapfer zusammengekniffenen Pobacken über die Promenade schlenderte. Heute sitzen hochbetagte Skatbrüder im Tanga an den Tischen der Strandcafés und demonstrieren ihren etwas skrupulöseren Altersgenossen, dass „man“ sich durchaus so präsentieren darf und der Herbst des Lebens noch recht warme Tage hat.

Nichts gegen erotische Fotokunst, nichts gegen Sportlichkeit und schon gar nichts gegen lebensfrohe Vitalität im Alter! Ich warte lediglich darauf, dass mal jemand öffentlich und laut lacht. Dass sich nicht nur Kabarettisten, sondern auch mal Prominente aus Wirtschaft oder Politik über den „Wir jetzt auch“-Schönheitswahn ihres Geschlechts lustig machen. Dass irgendeiner den Körperkult, das Wellness-Allotria und den Marathonlauf-als-neues-Statussymbol mal so richtig vergackeiert. Darauf warte ich. Bisher vergebens. Denn es herrscht sofort humorlose Strenge und hochkonzentrierte Ernsthaftigkeit, wenn ein Mann seinen Körper als „Projekt“ auf die Tagesordnung gesetzt hat.

Jahrhundertelang galt der Satz: „Männer wissen gar nicht, dass sie einen Körper haben.“ Und wenn sie's wissen, dann verschwenden sie keinen Gedanken an ihn. Der beste Körper ist der, den man nicht spürt. Sollte man ihn doch mal spüren, liegt das meistens daran, dass er Hunger meldet.

Für viele Frauen ist es schwer nachvollziehbar, dass ein Mann seinen Körper nicht so sehr als materiale Manifestation seiner Individualität betrachtet, als integralen Teil seiner Persönlichkeit, sondern schlicht als ein Werkzeug. Sein Körper ist ein Gerät. Eins, mit dem man viele verschiedene Aufgaben verrichten kann. Und wenn das Gerät an der einen oder anderen Stelle kaputtgeht, dann ist nicht so sehr die Tatsache an sich bedauerlich. Zu bedauern ist, was man jetzt alles nicht mehr „erledigen“ oder „schaffen“ kann.

Hatte „man" keine seiner Gliedmaßen für einen deutschen Kaiser oder Größten-Feldherrn-aller-Zeiten auf dem Schlachtfeld geopfert, forderten früher nicht mal im Alter die üblichen Krankheiten gesteigerte Aufmerksamkeit: Die Mehrheit der körperlich schwer arbeitenden Männer starb relativ früh.

„Das Leben hat auch an meinem Körper seine Spuren hinterlassen" – das war in der ersten Hälfte des 20. Jahrhunderts eine Umschreibung für: „Ich hab mein Bein im Krieg verloren." In der zweiten Hälfte des 20. Jahrhunderts hieß das: „Ich hab meine Taille im Restaurant verloren." Was zweifellos angenehmer ist. Männer begannen zwar in den Wirtschaftswunderjahren neben der Kernseife auch mal ein Rasierwasser zu benutzen, freiwillig zum Arzt gingen sie deshalb noch lange nicht.

All das hat sich radikal geändert. So radikal, dass wir nun schon wieder auf der anderen Seite vom Pferd fallen und Schönheitsdiktaten hinterherhecheln, von denen sich die Frauen gerade mühsam emanzipiert haben.

Sport ist gesund, Gesundheit ist wichtig, Gepflegtsein ist selbstverständlich. Wenn aber alle drei zusammenaddiert *das* Maß für die Beurteilung der Persönlichkeit werden, wenn das Aussehen nach den Normen der TV-Seifenopern und Werbespots ausschlaggebend wird für beruflichen Erfolg und privates Glück, dann sind „Fitness" und „Schlanksein" bei den Männern das geworden, was sie bei den Frauen nicht mehr sind: eine Religion. Eine Ideologie. Ein moralisches Muss.

Ein großer, schlanker Mann bekommt bei Vertragsverhandlungen mehr Geld als ein kleiner dicker. Sagen die Wirtschafts- und Sozialforscher. Eine Frau mit großem Busen bekommt leichter eine Arbeitsstelle als eine flachbrüstige. Sagen (sogar weibliche) Personaltrainer.

Schlimm genug, wenn es wahr ist. Eine himmelschreiende Dummheit ist beides ganz sicher und ein neuerdings auch Männer diskriminierender Sexismus ist es obendrein. War diese Entwicklung wirklich nötig?

Männer wollen am liebsten alles selbst herausfinden. Auch das, was

Frauen schon wissen. Zum Beispiel, dass der Wettlauf zwischen Hase und Igel nicht zu gewinnen ist. Dennoch und mit umso größerem Ingrimm wird er von „körperbewussten" Männern jeden Tag neu angepfiffen. Dass Schlankheitskuren den JoJo-Effekt mit sich bringen, dass 90 Prozent des Körperbaus bei Männern genetisch bedingt und nur ganz geringfügig veränderbar sind. Dass eine radikale Ernährungsumstellung des berufstätigen Mannes als Erstes seine Frau betrifft. Dass eine Änderung seines Lebensstils aus Gründen der anzustrebenden Schlankheit wahrscheinlich zulasten der Zeit mit den Kindern geht und – noch wahrscheinlicher – mehr Zeit für die eigene Person beanspruchen wird. Dass Joschka Fischer inzwischen wieder genau so aussieht wie vor seinem „Lauf zu sich selbst" – all das ist doch hinreichend bekannt! Es wird aber standhaft geleugnet.

Männer wollen am liebsten alles selbst herausfinden. Auch das, was Frauen schon wissen.

67 Prozent aller verheirateten Männer sind übergewichtig, sagen die Demographen von Forsa im Auftrag des Robert-Koch-Instituts. „Futtern wie bei Muttern", auch in der jungen Ehe. Liegt's an den Frauen? Nein. Schaut man sich nämlich die Essgewohnheiten der unverheirateten Männer unter 40 an (Pizza-Service, Burger am Drive-in-Fenster, Dosengerichte und Nudeln, Nudeln, Nudeln), kann man ohne prophetische Begabung voraussagen, dass auch sie bald übergewichtig sein werden.

Liegt's am Beruf? Ja. Seit Siege nicht mehr im Kriege, sondern im Büro errungen werden, siegt nicht mehr der Schnellste oder Stärkste, sondern der am fleißigsten Sitzende. Nur: Dem Fernfahrer wird seine so entstandene Wampe zugestanden. Dem Software-Entwickler nicht. Obwohl beide pro Woche etwa gleich lang (vornehmlich nachts und dabei essend) von Berufs wegen sitzen. Die heutige Arbeitswelt kennt keine einsam umherstreifenden Jäger und Trapper, keine allein auf dem Feld vor sich hin furchenden Bauern mehr – sie fordert Teamarbeit, Kooperation, vernetztes Einander-Zuarbeiten. Schön.

Wo aber pflegen Männer die Hälfte ihrer beruflichen und drei Viertel ihrer privaten Kontakte? Beim Essen! Man verabredet sich „zum Lunch", man schlägt dem Geschäftspartner vor, „eine Kleinigkeit essen zu gehen". Das ist atmosphärisch sinnvoll, gibt Raum für beiläufiges privates Kennenlernen, lockert zähe Verhandlungen auf. Echte „Kleinigkeiten" (wie spanische Tapas oder italienische Vorspeisen) kennt aber die deutsche Küche gar nicht. Und so wird's am Ende dann doch wieder ein Rostbraten mit Kartoffeln und Soße.

A propos Braten: Männer essen doppelt so viel Fleisch wie Frauen. Köche in Betriebskantinen brauchen nur den Anteil der männlichen und der weiblichen Belegschaft zu kennen und wissen sofort, ob vegetarische Gerichte „gehen" oder nicht. Am sommerlichen Gartengrill betätigen sich fast ausschließlich Männer, auch jene, die sonst nur Wasser kochen können. „Hunger auf Fleisch haben ist irgendwie typisch männlich" sagt Til Schweiger. Hollywood-Schauspieler. Schlanker Frauenschwarm. 99 Prozent aller Normalmänner sehen nicht so aus wie Til Schweiger. Halten sich aber zuweilen für ähnlich anziehend, neudeutsch „sexy".

Und hier liegt einer der kritikwürdigen Knackpunkte der viel gefeierten „neuen Körperlichkeit" des Mannes: Es muss die Frage erlaubt sein, ob 200 Millionen Euro Jahresumsatz bei Herren-Kosmetika und Milliardeninvestitionen in die Wellness-Hotellerie tatsächlich jene Lücke geschlossen haben, die zwischen dem tatsächlichen Aussehen eines Mannes und seinem Anspruch auf Beachtung klafft. Der Anspruch auf Begehrt- und Beachtetwerden bleibt komischerweise immer bestehen – ob sich ein Mann körperlich vernachlässigt oder ob er sich körperlich knechtet. Alles darf ihm passieren, nur eins nicht: ignoriert zu werden.

Der ursprünglich einmal ironisch gemeinte Satz „Erfolg macht sexy" wird von körperlich unattraktiven, übergewichtigen, ungepflegten Männern inzwischen auch ganz ironiefrei zitiert. Es gibt sie doch, die Frauen, die ihn für sein Geld, seine Macht und seine Statussymbole lieben! Oder zu lieben vorgeben.

Könnte es also sein, dass sowohl die selbstgefällige und dickfellige

Körpervergessenheit der einen als auch das neue „Körperbewusstsein“ der anderen nur die zwei Seiten ein und derselben Medaille sind? Der Verdrängung nämlich? Manche Männer sind Weltmeister im Verdrängen. Halten sich sogar dann für akzeptabel, wenn sie unakzeptabel herumlaufen. Und gleich für viel begehrenswerter, wenn sie auch nur zwei Kilo runter haben. An dieser erotischen Selbstüberschätzung sind die Frauen freilich nicht ganz unschuldig. Wenn in demographischen Umfragen, in Mode- und Lifestyle-Zeitschriften Frauen gefragt werden: „Was ist für Sie ein schöner Mann?“, dann klingen ihre durchaus ehrlichen Antworten für Männer sowohl diffus als auch beruhigend: „Ach, das lässt sich gar nicht so an körperlichen Normen festmachen, er muss halt Ausstrahlung haben.“ Oder: „Ein ausdrucksvolles Gesicht, gepflegte Umgangsformen, Charme und Humor sind mir wichtiger als volles Haar.“ Toll, denkt der männliche Leser solcher Interviews und streicht sich selbstzufrieden über Halbglatze und Bierbauch. Dann hab ich ja doch noch Chancen. Die kalte Wahrheit aber versteckt sich in den wenig populären wissenschaftlichen Untersuchungen der Verhaltensforscher, Anthropologen und Psychologen: Unsere intuitiv-archaischen Sexualreflexe, unsere „Ur-Schönheitsideale“ sozusagen, funktionieren nämlich immer noch recht steinzeitlich, d. h. nach den Auswahlkriterien des Überlebens und der Fortpflanzung: Ein großer Mann mit breiten Schultern, mit starker Brust- und Oberarmmuskulatur verspricht mehr Schutz und Sicherheit, mehr Kampfkraft und längeres Überleben als ein mickriges Männlein. Schmale Hüften und ein kleiner (neudeutsch: „knackiger“) Po bei gleichzeitig kräftiger Rückenmuskulatur versprechen ausdauernde Beckenstöße, die für genügend Nachkommen in der Höhle sorgen werden. Basta.

Ob 200 Millionen Euro Jahresumsatz bei Herren-Kosmetika und Milliardeninvestitionen in die Wellness-Hotellerie tatsächlich jene Lücke geschlossen haben, die zwischen dem tatsächlichen Aussehen eines Mannes und seinem Anspruch auf Beachtung klafft?

(Umgekehrt haben sich auch die Auslöserreize für Männer evolutionär wenig geändert: Breite Hüften, runder Po und große Brüste einer Frau versprechen mehr und gesündere Nachkommen, als man das von einer „Bohnenstange“ erwarten darf.) Das klingt alles furchtbar biologistisch, ist aber, leider, genauso primitiv wahr, wie es klingt.

Alle Männchen der großen Horde diesem einen Fruchtbarkeitsideal zu unterwerfen – mit Hilfe der Sport-, Fitness- und Gesundheitsindustrie des 21. Jahrhunderts – wird von den Erkenntnissen der Verhaltensforscher trotzdem nicht unterstützt. Denn zur Natur kommt bekanntlich die Kultur. Und kulturgeschichtlich, so der österreichische Kunsthistoriker, Germanist und Philosoph Otmar Rychlik, hat sich das weibliche Schönheitsideal ständig verändert und ist nie für alle oder für lange Zeit verbindlich geblieben. Das männliche Schönheitsideal dagegen ist in drei Ausprägungen seit 2500 Jahren und für alle gleichermaßen maßgeblich geworden und geblieben: „der ephebische Jüngling, der apollinische Mann und der herkulische Held“. Die Zartheit, die Ebenmäßigkeit und die Kraft. Das Verspielte, das Besonnene, das Kämpferische.

Während weibliche „Idealkörper“ im Laufe der Jahrhunderte zwischen den bleichen Dickmadams des Malers Peter Paul Rubens und den braungebrannten Magersüchtigen der Modewelt schwankten, war der männliche Idealkörper immer entweder jung, erhaben oder stark. Ephebisch, apollinisch oder herkulisch. Löste bei den Betrachterinnen Muttergefühle aus, bot ihnen Geborgenheit oder ließ sie angenehm erschauern.

Professor Günther Heinz, Kunsthistoriker in Wien, geht sogar noch einen Schritt weiter und wird philosophisch: „Frauen haben Formen. Männer haben Struktur.“ Und sein Kollege Rychlik kommentiert das so: „Struktur ist nie individuell, Form ist immer individuell. Der weibliche Körper kann immer nur *in sich* ideal sein, *in sich* harmonisch, stimmig, wohlproportioniert. Eigentlich widerspricht das dem Begriff eines Ideals, denn der weibliche Körper ist dementsprechend unverwechselbar, einzigartig, unvergleichlich im wahrsten Sinne des Wortes. Der männliche Körper hingegen entspricht oder entspricht eben nicht einer allgemein verankerten und verbindlichen Struktur, was sich in der Beschreibung des individuellen männlichen Körpers dann nicht in Begriffen wie ‚schön' oder ‚hässlich' niederschlägt, sondern in Worten wie ‚attraktiv' oder ‚anziehend'."

Und das alles sollen ein paar Dosen Ersatznahrung richten? Wie gesagt: Ich warte drauf, dass mal einer lacht.

Ein bisschen mehr Bescheidenheit, bitte!

Es ist fast so wie in Hans Christian Andersens Märchen von des Kaisers neuen Kleidern. Mit blankem Gesäß paradiert der durch die Straßen, fordert aber allseitige Bewunderung ein. Und nur ein kleines Kind spricht aus, was alle sehen: „Der ist ja nackt!"

Dieser Kindermund täte sprichwörtlich Wahrheit kund, wenn er dem postmodernen Mann, hin- und hergerissen zwischen Fitnessforderung und erotischer Selbstüberschätzung, sagen würde: Ein bisschen mehr Bescheidenheit, bitte! Zumindest hinsichtlich der eigenen Wirkung. Abseits der medial inszenierten Wunsch- und Trugbilder und jenseits des sexuellen Overkills unserer Körperkultur könnte der Durchschnittsmann nämlich erst nachdenklich, dann nachsichtig und schließlich sogar ganz zufrieden werden. Mit der Partnerin, die er hat, auch wenn sie den Idealmaßen der Werbeindustrie nicht entspricht. Mit der Liebe und Zuwendung, die er bekommt, auch wenn er nicht überall die Blicke auf sich zieht. Und mit dem Maß an sexuellem Glück, das sich gerade dann ereignet, wenn nicht eitle Selbstbespiegelung, sondern selbstvergessene Hingabe die Gedanken und Gefühle lenkt.

„Zu Hause steige ich dreimal wöchentlich auf mein Laufband und gehe danach in die Sauna. Anschließend lasse ich mich gern massieren. Wenn ich unterwegs bin, schwimme ich abends etliche Runden im Hotelpool und relaxe im Dampfbad", erzählt der 50-jährige Musiker Peter Schilling aus München (der mit dem „völlig losgelösten“ Hit „Major Tom“ 1983). „Nach einem anstrengenden Konzert nehme ich eine ausführliche Behandlung im Kosmetikstudio mit allem Drum und Dran: Gesichtsmaske, Maniküre, Pediküre. Dabei entspanne ich mich durch Meditation.“ Freuen wir uns mit ihm über so viel Zeit für sich und seinen Body. Das Beispiel zeigt, dass man männlichen Körperkult durchaus als einen Teil der Geistesgeschichte des 20. und 21. Jahrhunderts betrachten kann. Sogar als eins von vielen kleinen Indizien postmoderner Religiosität: In der Säkularisation ging der Mensch gewordene Erlöser Jesus Christus verloren. In der Esoterik der personale Schöpfergott des Juden- und Christentums. Und jetzt ist der Mensch, radikal reduziert, aber im Grunde grausam konsequent, endlich mit sich und seinem Körper allein. Und soll bitte nur noch „fit“ sein. Und „sexy“. Sonst nichts.

Ein bisschen mehr Bescheidenheit, bitte! Zumindest hinsichtlich der eigenen Wirkung.

Bestehen der Sinn des Lebens und die Würde des Menschen jedoch im Wohlaufsein, dann muss folgerichtig die eigene Gesundheit, die fitte Wellness, religiös überhöht werden, beinah göttlichen Status bekommen. Dann zieht die Visite des Chefarztes wie eine Prozession weihevoller Priester über die Klinikflure, dann wird die Debatte um „Herbalife“, „Wholefood“ oder „Demeter“ tatsächlich zur Glaubensfrage. Wer zur Gemeinde der Erwählten gehört und wer exkommuniziert werden muss, entscheidet die Waage im Badezimmer. Oder der Personalchef, siehe oben. Dass es eine im Kern gesetzliche und damit latent fanatische Religiosität ist, merken Männer nicht, weil sie ja noch relativ neu sind in den Tempeln des Körperkultes. Dass im Gesundheitszirkus ein moralischer Rigorismus herrscht, der die Ungesunden, die Fetten und die Hässlichen als „Unerleuchtete“ heimlich verachtet – das fällt unter der sinnlich-genussvollen, locker-erotischen Oberfläche keinem auf. Nicht mal den Frauen.

Kapitel 8

Leer im Herzen, voll im Stress

Keine Frage: Frauen leben länger. Nicht immer und nicht alle, aber im Durchschnitt. Ein paar Jahre sind es schon, die sie den Männern voraushaben.

Die relative Kurzlebigkeit des männlichen Modells liegt – da sind sich die medizinischen Experten einig – nicht am Design oder der Bauart, sondern an der Beanspruchung und mangelnden Wartung. Kurz gesagt: Männer tendieren dazu, sich mehr Stress auszusetzen, und sie kümmern sich schlechter um die eigene Wellness. Böse und übertrieben ausgedrückt: Frauen kränkeln ein langes Leben lang, Männer sind ein kurzes immer gesund. Aber fallen Männer wirklich kerngesund plötzlich tot um? Natürlich nicht. Herzinfarkte, Bluthochdruck, Alkoholkonsum, häufigere Unfälle im Straßenverkehr, selbst Körperverletzung und Tötungsdelikte haben einen gemeinsamen Nenner: Stress.

Was Männer schwach und schneller tot macht

Stress macht krank, unglücklich, leistungsschwach und aggressiv. Doch „Stress“ ist nicht gleich „Stressor“. Die Herausforderungen, denen wir ausgesetzt sind, erzeugen nicht automatisch auch eine Stressreaktion. Und das Rezept „weniger ist mehr“ gilt nur für eine Minderheit der stressgeplagten Menschen. Stress entsteht durch Überforderung wie durch Unterforderung, und ob eine Herausforderung über- oder unterfordert, hängt von vielen Faktoren ab. Stressoren können Eustress (positive Energie, Kreativität, Konzentration usw.) oder Disstress (das, was man landläufig Stress nennt) auslösen. Ein Beispiel für Eustress gibt

Martin Luther: „Denn wenn ich gut schreiben, beten und predigen will, dann muss ich zornig sein; da erfrischt sich mein ganz Geblüt, mein Verstand wird geschärft, und alle Anfechtungen weichen."

Für das Thema Beruf und Stress gibt es Zahlen der Berufsgenossenschaften und der Krankenkassen. Und die halten eine große Überraschung bereit: Die Berufstätigen mit der höchsten Gefährdung für stressbedingte Erkrankung sind nicht etwa die LehrerInnen, ManagerInnen, KrankenpflegerInnen oder MedizinerInnen. Die kommen zwar auch viel zu häufig vor, aber auf Platz eins findet sich der Beruf des – Pförtners! Gefolgt von Hausmeister, Reinigungskraft und Altenpfleger.

Pförtner? Was ist denn daran stressig?

Pförtner? Was ist denn daran stressig? (Der stressigste Beruf ist wahrscheinlich in Wirklichkeit, langzeitarbeitslos zu sein. Diese Tätigkeit kommt aber in den Statistiken der Berufsgenossenschaften nicht vor. Aber stressbedingte Suchtstörungen und Depressionen gehören auch dort zu den häufigsten Erkrankungen.)

Bei zweitem Hinsehen versteht man den Pförtner. Was aus Stressoren Stress macht, ist nämlich nicht in erster Linie die Quantität, sondern die Qualität der Arbeit. Vier Faktoren entscheiden, ob Leistungsdruck einen Menschen beflügelt oder lähmt:

- Kann ich meine Begabungen entfalten?
- Habe ich die Möglichkeit, meine Arbeit selbst zu steuern?
- Sehe ich den Sinn meiner Tätigkeit?
- Welchen Einfluss hat meine Arbeit auf meine privaten und beruflichen Beziehungen?

Denken Sie noch einmal an den Hochrisikoberuf Pförtner: Welche Begabungen werden gefördert? Wie kann man diese Tätigkeit kreativ gestalten? Wie erlebt ein Pförtner die Wichtigkeit des eigenen Tuns? Welche Beziehungen bieten sich an – im Beruf, wenn man dort ein menschlicher Toröffner ist, und außerhalb, wenn man am Stammtisch mit beruflichen Erfahrungen prahlt, oder in der Familie, wenn die Kinder erzählen, dass sie sich für den Beruf des Papas schämen, wenn in der Schule die Sprache darauf kommt?

Dass „weniger arbeiten" für die meisten Männer nicht das Patentrezept ist, mit dem sie ihren Stress abbauen, bzw. dass „weniger arbeiten" eben nicht gelingt, illustriert das folgende Beispiel: Chris ist 37, seit 15 Jahren verheiratet, er hat zwei Kinder von 10 und 12 Jahren. Chris ist ein warmherziger, kontaktfreudiger Mann, hilft gerne und ist bei Nachbarn, Freunden und in der Kirchengemeinde für seine freundliche und nette Art bekannt. Nach dem Abschluss der mittleren Reife hatten seine Eltern sich für ihn einen „soliden und sicheren" Beruf gewünscht und ihn deshalb in eine Ausbildung in der Finanzverwaltung gedrängt. So wurde Chris Beamter in der mittleren Laufbahn und arbeitet nun beim Finanzamt. Diese Tätigkeit langweilt ihn, und eigentlich interessiert ihn der ganze Job nicht. Sein Schreibtisch und der Computerbildschirm widern ihn zunehmend an. Immer häufiger muss er sich überwinden, am Morgen überhaupt zur Arbeit zu gehen. Chris schläft schlecht, wird depressiv, hat Mühe, sich zu konzentrieren, und schließlich gesteht er sich ein: Er hasst seinen Beruf! Aber Chris steckt in der Falle: Er muss die Familie versorgen. Aussteigen und was Neues anfangen? Fehlanzeige. Mit knapp vierzig hat er ohnehin keine Chance, auf dem Arbeitsmarkt von vorn zu beginnen.

Als seine Frau wieder eine Teilzeittätigkeit in ihrem Beruf aufnimmt, ist Chris glücklich, dass er nun seine Stelle um 25 Prozent reduzieren kann. Doch die erwartete Erleichterung ist nur von kurzer Dauer. Im Gegenteil: Die wenigen interessanten Steuerprüfungen, die vorher noch ein wenig Abwechslung boten, machen nun die Vollzeitkollegen. Seine Tätigkeit besteht nur noch aus Routineaufgaben und ödet ihn noch mehr an.

Chris entschließt sich, zu einer Beratung zu gehen. Dort wird ihm klar, dass er zwar einerseits über-, gleichzeitig aber unterfordert ist. Er kann seine Begabungen nicht entfalten, und die Tätigkeit passt nicht zu seiner Persönlichkeit. Um seine beruflichen Kompetenzen in einem Bereich zu nutzen, der seinen Interessen eher entspricht, beginnt Chris ehrenamtlich, bei einer Schuldnerberatungsstelle zu helfen. Zum ersten Mal kommt er aus seiner anonymen Verwaltungsarbeit heraus und macht die Erfahrung, dass er mit seinen Finanz- und Steuerkompetenzen Menschen in Not konkret und schnell helfen kann. Und nach einiger Zeit beginnt auch sein Beruf wieder sinnvoll zu werden – immer häufiger kommt es nämlich vor, dass er bei der Arbeit wichtige Informationen für seine ehrenamtliche Tätigkeit sammeln kann. Inzwischen hat er wieder auf 100 Prozent aufgestockt und arbeitet, wenn man das Ehrenamt dazurechnet, deutlich mehr als früher. Aber Chris ist weniger gestresst: In der Schuldnerberatung entfaltet er seine zwischenmenschliche Begabung. Er kann selbst steuern, wann er was wie macht. Er erlebt, dass seine Arbeit sinnvoll ist. Er entwickelt Beziehungen, hat interessante Begegnungen und genießt die anregende Kommunikation.

Die ehrenamtliche Tätigkeit entpuppt sich als eine Art Katalysator, die ihm hilft, seinen Beruf immer mehr als Berufung zu erleben.

Wie Chris geht es der Mehrheit der Menschen, die ständig nahe am Burnout „entlangschrammen“ oder längst daran erkrankt sind. Ihr Berufsleben wird von der Uhr bestimmt und nicht vom Kompass. Sie empfinden den Druck, in immer kürzerer Zeit immer mehr leisten zu müssen und immer weniger leisten zu können. Doch die Quantität ist nicht das eigentliche Problem – die Arbeit müsste nicht mehr oder weniger, sondern anders sein. (Völlig abseits der politischen Gesichtspunkte muss man feststellen: Für viele Arbeitnehmer war die Einführung der 37,5-Stunden-Woche mit erhöhtem Stress verbunden. Die Arbeit war die gleiche, die Zeit, in der sie erledigt werden musste, knapper bemessen.)

Die Arbeit müsste nicht mehr oder weniger, sondern anders sein.

Je größer der Stress, desto enger der Blickwinkel: Ein Symptom des beginnenden Burnouts ist, das man sich zunehmend ausgeliefert fühlt. Die subjektiv erlebten Möglichkeiten, das eigene Leben zu steuern, werden immer geringer. Das Gefühl, ein fast bedeutungsloses Rädchen im Getriebe zu sein, lähmt die Kreativität.

Mir liegt es fern, angesichts der schwierigen Lage auf dem Arbeitsmarkt und des wachsenden wirtschaftlichen Drucks, dem sich viele Unternehmen ausgesetzt sehen, eine einfache Lösung vorzuschlagen. Doch der Teufelskreis sieht leider so aus: Burnout verursacht einen Tunnelblick und lähmt die Kreativität. Das führt zur einseitigen Lösungssuche: „weniger" anstelle von „anders". Diese Einengung der Wahrnehmung führt zu mehr Stress, mehr Stress führt zum Burnout. In anderen Worten: Wenn das Leben nur noch nervt, kann der Kopf schlecht Visionen entwickeln. Hoffnungslosigkeit macht hilflos. Hilflosigkeit entnervt. Was hilft dagegen?

Eigene Begabungen entfalten

Um aus dieser Schleife herauszukommen oder besser: um gar nicht erst hineinzugeraten, ist ein gutes Gespür für die eigenen Begabungen, Stärken und Schwächen unerlässlich. Was tue ich gerne? Wovor graut mir? Was fällt mir leicht? Was kostet viel Kraft?

Schema-F-Ratgeber scheren alle über einen Kamm: Alle Männer sind im Grunde nur auf der Suche nach Abenteuer, kämpfen mit Inbrunst, kommunizieren ungern, wollen Prinzessinnen beeindrucken und so weiter. Vorsicht, Falle! Wer sich mit diesen Männerbildern identifiziert, wird leicht blind für die eigene Psyche und stört die Selbstwahrnehmung. Abenteuer? Bei Männern wie bei Frauen gibt es mehr oder weniger abenteuerlustige, und bei beiden sind die Risikosucher häufiger gestresst, leben kürzer und gefährlicher. Kampflust? Bei Männern wie Frauen gibt es mehr und weniger aggressive, und bei beiden sind die aggressiven häufiger unglücklich und scheitern öfter in ihren Beziehungen. Kommunikationsmuffel? Abgesehen davon, dass Männer in westlichen Kulturen insgesamt mehr reden als Frauen (wenn auch meistens nicht als genussvolle Kommunikation über sich selbst und ihre Gefühle, sondern zielorientiert über Fakten, Sachen und Probleme), gibt es bei Männern wie bei Frauen intro- und extravertierte, schweigsame und kommunikative. Auf der Suche nach der Prinzessin? Bei Männern und Frauen gibt es solche, die eine/n unterlegene/n, schutz- oder hilfsbedürftige/n PartnerIn suchen, um die eigenen Minderwertigkeitsgefühle zu kompensieren – seelisch gesunde Menschen suchen ebenbürtige PartnerInnen und keine „Kümmerprojekte".

Das Steuer selbst in die Hand nehmen

Es gibt sicher einige, vielleicht wenige unglückliche Menschen, die schlicht und einfach ein Zahnrädchen im Getriebe sind und tatsächlich nichts bis wenig verändern können. Die meisten, die ihr Leben nicht selbst leben, sondern sich fremdgesteuert leben lassen, tun das aber aus Angst vor Fehlern, aufgrund von Perfektionismus oder weil sie gelernt haben, andere machen zu lassen. Sie gehen auf Nummer sicher, weil sie unsicher sind, oder haben ihr kreatives Potenzial nicht entfaltet, weil sie dabei nie gefördert wurden. Es geht also um innere Einstellungen, die aus Herausforderungen Stress machen. Wer keine Fehler riskiert, wird jeder neuen Situation mit Ängsten begegnen. Von Henry Ford wird berichtet, dass man ihn gefragt habe, wie man ein so erfolgreicher Unternehmer wie er werden könne. Seine Antwort: „Verdoppeln Sie Ihre Fehlerquote!" – Ob Martin Luther mit seinem „Pecca fortiter!" („Sündige tapfer!") etwas Ähnliches gemeint hat, nämlich, dass durch das Evangelium befreite Menschen lieber die Gefahr eingehen sollten, etwas Falsches zu tun, als gar nichts?

„Verdoppeln Sie Ihre Fehlerquote!"

Selbststeuerungsmöglichkeiten zu entdecken, heißt, einen eigenen Weg zu finden und nicht immer den ausgetretenen Trampelpfaden zu folgen.

Sinn finden

Ein Stressor, der bei sinnvollen Aufgaben unvermeidlich ist, wirkt viel weniger stressig als ein sinnloser, nerviger Reiz. Vergleichen Sie den inneren Stress, der sich bei Ihnen entwickelt, wenn

a) nachts um zwei aus der Garage des Nachbarn lautes Rrrrennn-tenten-ten-ten erschallt, weil der 15-jährige Sohn die Umwelt wissen lässt, dass er ein neues Mofa besitzt,

mit dem Stress, den sie innerlich erleben, wenn Sie

b) nachts um zwei ihr fieberkrankes, weinendes Kind durch die Wohnung tragen, um es zu beruhigen.

Wobei geht Ihr Puls höher? Welche Ruhestörung verursacht mehr rote Flecken am Hals? Eben! Wenn der Frust sinnvoll ist, halten wir ihn viel besser aus.

Was sinnvoll ist, macht zufrieden. Allerdings streben sehr viele Menschen nicht nach Zielen, die sinnvoll sind, sondern reiben sich für Ziele auf, die – so zeigt die Forschung – nicht zufrieden und glücklich machen. Und, ganz überraschend: Das, was wir uns am häufigsten wünschen, macht auch nicht zufrieden: Gesundheit. Studien an mit Krebs, Rheuma, AIDS oder Diabetes schwer erkrankten Menschen zeigen, dass diese Menschen mit ihrer Krankheit ein ebenso zufriedenes Leben führen wie andere. Manche zeigen sogar eine höhere Lebenszufriedenheit – allerdings nicht, weil sie krank sind, sondern weil die Krankheit sie dazu gebracht hat, einige der Dinge zu tun, die wirklich zufrieden machen. So wie der 68-jährige Witwer, der von sich sagt: „Vor meiner Krebsdiagnose lebte ich im Streit mit meinem Sohn und der Schwiegertochter. Mit der Diagnose war plötzlich klar, dass ich mich mit ihnen versöhnen und meine Schwiegertochter akzeptieren muss. Inzwischen habe ich beide richtig lieb gewonnen. Wie lange ich noch leben werde, weiß ich nicht – aber besser kurz und glücklich, als lang und unglücklich."

Zahlreiche Studien zeigen, was Menschen wirklich zufrieden macht: Dinge tun, die man gut kann. Anderen helfen. Freundschaftliche Kontakte pflegen. In funktionierende Liebesbeziehungen investieren. Und am stärksten: innere Einstellungen wie Dankbarkeit, Optimismus und Vergebungsbereitschaft entwickeln.

Wer nach diesen Zielen strebt, erreicht sie meistens. Was nicht heißt, dass Besitz, Gesundheit oder Bildung nicht auch erstrebenswert wären. Aber sie sollten eher Nebenprodukte des Strebens nach sinnvoller Aktivität, guten Beziehungen und einem „Herz am rechten Fleck" sein.

Beziehungen pflegen

Nehmen wir an, Sie kämen von der Arbeit nach Hause und erzählten Ihrem/r PartnerIn von einem Erfolg, der Ihnen viel bedeutet. Darauf bekommen Sie im vorwurfsvoll jammernden Ton zu hören: „Ja, dir geht es halt gut – um mich kümmert sich ja keiner ..." Da macht es schon keine Freude mehr, Erfolge zu haben – wie schlimm sind dann erst die Misserfolge! Wer niemanden hat, mit dem er seine Freuden teilen kann, ist wirklich ein armer Mensch. Ob bei der Arbeit oder zu Hause: Alles, was man tut oder lässt, wird erst wertvoll durch die Menschen, die etwas davon haben und mit denen man sein Leben teilt. Trotzdem opfern viele Menschen ihre wichtigsten Beziehungen auf dem Altar der Arbeit oder des Erfolgs. Doch wirklich genießen werden sie dieses Opfer nicht.

Wer niemanden hat, mit dem er seine Freuden teilen kann, ist wirklich ein armer Mensch.

Dem Körper Gutes tun

Neben den bereits genannten seelischen Aspekten der Stressbewältigung spielt der Körper eine wichtige Rolle. Leider gehen Männer oft sehr viel weniger sensibel mit ihm um, als es inzwischen viele Frauen tun. Wenig Schlaf, falsche Ernährung, Bewegungsmangel und fehlende Entspannung sind die Killerfaktoren, die aus Stress Krankheiten machen. Dabei muss man wahrlich kein Gesundheitsfanatiker, Rohköstler, Sportler oder Meditationsmeister sein, um wirksam vorzubeugen. Im Gegenteil: Wer es übertreibt – egal was –, lebt kürzer. In der Regel reicht es aus, wenn man genussvoll und vielseitig isst, dreimal in der Woche den Puls ein halbe Stunde lang auf 130 bringt, den regelmäßigen Mittagsschlaf oder gute Pausengewohnheiten pflegt – und wenn man den Ausknopf des Fernsehers vor Mitternacht findet! Denn Abschalten per „Dröhnung" funktioniert zwar oft im Kopf, ist aber für den Körper Stress.

Kapitel 9

Besser als ihr Ruf: Väter

Anfang des Jahres 2006 wurde im Bundestag und in den Medien jungen Frauen von alten Männern vorgeworfen, sie bekämen zu wenige Kinder. Nationalkonservative rechneten vor, wann „die Deutschen ausgestorben" sein würden. Wirtschaftsblätter rechneten vor, wann bei einer „Reproduktionsrate von 1,35 Kindern pro Frau die Rentenkasse leer" sein würde. Feuilletonisten großer Tageszeitungen philosophierten über die „Urgewalt der Natur", der sich niemand verschließen dürfe. Der sonst nicht gerade fromme *Spiegel* entdeckte eine „Schöpfungsnotwendigkeit". Das evangelikale Tendenzblatt *idea* empfahl gottesfürchtigen Frauen ganz was Neues: Kinder, Küche, Kirche! Als weiblichen Beitrag zur nationalen Verteidigung sozusagen, denn wo kämen wir denn hin, wenn nur ungebildete muslimische Türkinnen Bälger in die Welt setzten …

Wer das las, konnte meinen, Gott habe bei der Erschaffung von Adam und Eva die deutsche Beamten-Ehe der 50er-Jahre vor Augen gehabt. Oder Friedrich Schillers „Lied von der Glocke" mit seiner romantischen Rollenverteilung: „Der Mann muss hinaus ins feindliche Leben, muss wirken und streben … und drinnen waltet die züchtige Hausfrau, die Mutter der Kinder, und herrschet weise im häuslichen Kreise …" Frauen, so war in christlichen Blättern zu lesen, sollten gefälligst an Volk und Vaterland denken, an ihre göttliche Bestimmung und an das Mutterglück. Das Wort vom „Gebärstreik" machte die Runde.

Doch die angeblich gebärstreikenden Karrierefrauen nannten ein paar schlichte Zahlen: 1971 waren 16 Prozent der männlichen Akademiker unter 45 kinderlos, 2006 waren es schon 36 Prozent. Männer unter 35 mit Hauptschulabschluss und einem Einkommen bis 1500 Euro sind zu 38 Prozent ohne Nachwuchs. Frauen in Billigjobs sind es aber nur zu 19 Prozent!

Steigt das Einkommen, steigt die Zeugungsbereitschaft: Ab 2500 Euro Monatseinkommen gibt es nur noch 11 Prozent kinderlose Männer unter 35.

Offenbar überlegt sich man(n)cher sorgfältig, wovon er ein Kind 20 oder 25 Jahre lang ernähren soll, legt anschließend den Taschenrechner beiseite und das Kondom auf den Nachttisch. Der „Gebärstreik" ist offensichtlich auch ein „Zeugungsstreik". Von der männlichen Mitschuld an den unverändert hohen Abtreibungszahlen in Deutschland ganz zu schweigen. (Wobei ein Staat, der nach mehr Kindern ruft, aber Spätabtreibungen legalisiert hat, auch nicht besonders glaubwürdig ist.)

„Eine Reaktion vieler heute 30-jähriger Männer auf ihre Erfahrung als Sohn besteht sicher darin, die Kontinuität von Beziehungen als inneres Arbeitsmodell aufzugeben. Sie lösen sich lieber folgenlos aus Lebensphasen, um marktkonform durchs Leben zu treiben." Das schrieb, etwas geschraubt, der Arzt und Psychoanalytiker Peter Riedesser vom Uni-Klinikum Hamburg-Eppendorf in der *Zeit* vom 6. Juli 2006. Auf Deutsch: Scheidungsgeschädigte Söhne mit unsicheren Arbeitsstellen wollen sich nicht langfristig binden. Ein Kind aber bindet lebenslang. Die geplante Neuregelung des Scheidungsrechts entlastet nur die Kinderlosen. Einer von zurzeit 154.000 alleinerziehenden und berufstätigen Vätern in Deutschland zu werden, ist aber keine allzu verlockende Vision.

„Viele wissen ja, dass Familien derart störanfällig sind, dass sie die Verantwortung dafür nicht übernehmen wollen. Der naive Glaube, dass schon alles irgendwie gut wird, ist dieser Männergeneration gründlich abhandengekommen." Riedesser stellt das nur fest, er heißt es nicht gut, wohlgemerkt. Er hat aber auch ein bisschen Verständnis für die Lendenlahmen: „Es ist doch legitim und ehrenwert, dass ein Mann mit der Vaterschaft zögert, wenn er kein Nest für viele Jahre anbieten kann. Das ist allemal eine verantwortungsbewusstere Haltung, als einfach Samenspender zu sein."

Ich sag's mal so: Es gibt Elefanten und es gibt Frösche. Elefantenbullen zeugen nur wenige Jungtiere, führen die aber lebenslang in der Herde mit. Frösche laichen irgendwo ab und springen davon. Die spannende Frage lautet also: „Was ist verantwortliche Vaterschaft?" Und nicht: „Warum bleiben die Frauen nicht einfach zu Hause?"

Die spannende Frage lautet also: „Was ist verantwortliche Vaterschaft?" Und nicht: „Warum bleiben die Frauen nicht einfach zu Hause?"

Reizlose politische Anreize?

Klarheit und Weisheit in die aufgeregte Debatte brachte Bischof Wolfgang Huber, Ratsvorsitzender der EKD, am 28. März 2006 in der Friedrichsstadtkirche am Berliner Gendarmenmarkt mit seiner Rede „Familie ist der Beruf der ganzen Gesellschaft": „Den Einschnitt zu verharmlosen, der mit der Geburt von Kindern einhergeht, wenn das Familieneinkommen damit drastisch zurückgeht, wäre Weltfremdheit."

Es ist leider unumgänglich, *dass* das Einkommen drastisch zurückgeht. Dies bei der Zeugung einzukalkulieren, spricht nicht etwa für mangelndes Gottvertrauen, sondern für Verantwortungsbewusstsein. Mit dem Kindergeld gibt der Staat ja nur einen Bruchteil dessen zurück, was er den Familien im Laufe von zwanzig Erziehungsjahren wegnimmt: Steuermindernde „Kinderfreibeträge" haben mit den realen Lebenshaltungskosten von drei Teenagern zum Beispiel herzlich wenig zu tun. „Ehegattensplitting" teilt das zu versteuernde Einkommen immer und eisern nur durch zwei. Egal, ob diese zwei allein sind oder vier Kinder ernähren. Die Mehrwertsteuer auf alle Konsumgüter und Dienstleistungen trifft jemanden, der täglich für sechs Personen einkauft, härter als jemanden, der dies nur für sich tut. Zum 1. Januar 2007 drehten

SPD und CDU diese Schraube um drei Prozent an, forderten aber gleichzeitig mehr Gebärfreudigkeit …

Dass eine Frau, die 25 Jahre lang zu Hause drei Kinder großzog, ebenso zur Alterssicherung der Gesellschaft beigetragen hat wie eine, die währenddessen erwerbstätig war und Rentenbeiträge einzahlte, hat sich noch nicht bis zur „Rentenversicherung Bund“, (früher schlicht BfA) in Berlin herumgesprochen. Und sollten die lieben Kleinen nach dem Abitur als Ferienjobber oder Werksstudenten schon mal was für ihre Studiengebühren erwirtschaften, weiß das Finanzamt auch diesen Ertrag erheblich zu schmälern.

Kurz: Kinder *sind* nicht per se ein Armutsrisiko. Es sind unser verworrenes Steuersystem, unsere widersprüchliche Gesetzgebung und unsere deutsche Bürokratie, die Kinder zu einem Armutsrisiko *machen*.

Dies nüchtern festzustellen, widerspricht ja nicht der Erfahrung, dass Kinder eine Ehe und das ganze Leben unendlich bereichern. Dass Kinder „unser Schatz und Reichtum sind“, wie Matthias Claudius gedichtet hat. Dass Kinder unser Leben auf eine immaterielle, emotionale, ja sogar spirituelle Art und Weise unermesslich wertvoll machen. Dass Eltern recht haben, die sagen, sie hätten tatsächlich „tausendmal mehr an Liebe und Glücksmomenten zurückbekommen“, als sie je in Form von Geld, Arbeit oder Verzicht investiert haben.

Doch zurück zu Wolfgang Huber: Wer schwangere Frauen als „Berufsaussteigerinnen“ bezeichne und sie nach ein paar Jahren frage, wann sie denn mit dem „Berufs-Wiedereinstieg“ so weit seien, suggeriere damit: Erwerbstätige sind „drin“, Erziehende sind „draußen“. Dieses Denken müsse sich ändern. „Die Anerkennung der Familienarbeit kam nicht voran, weil in einem männlich dominierten Gesellschaftsbild allein die Erwerbsarbeit außerhalb des Hauses als produktive Arbeit gewürdigt wurde.“ Weshalb Deutschlands oberster Protestant das staatliche Elterngeld generell befürwortete, auch, wenn es einkommensabhängig gezahlt wird und damit jene begünstigt, die ohnehin besser verdienen. Und auch wenn es möglicherweise jene bestärkt, die mit dem Kinderkriegen lieber warten, bis sie eine Gehaltsstufe erreicht haben, ab der sich dann auch das Elterngeld „lohnt“. Außerdem, so Huber, sei es „eher ein Ausdruck von Hilflosigkeit, wenn auch den Männern zwei Monate Elternzeit abverlangt werden sollen, bevor das Elterngeld in vollem Umfang in Anspruch genommen werden kann.“

Acht Wochen staatlich verordnete Vaterpflicht! Immerhin kürzer als der Wehrdienst. In Schweden gibt es seit 1974 (!) 16 Monate „Elternschaftsgeld“ in Höhe von 80 Prozent des Erwerbseinkommens, wenn der Vater des Kindes mindestens zwei Monate berufliche Auszeit nimmt. 38 Prozent der erwerbstätigen schwedischen Väter nehmen einen, 18,7 Prozent zwei Monate in Anspruch. Seit dem Jahr 2000 ist in Schweden die Geburtenrate von 1,3 Kindern pro Frau auf 1,8 Kinder gestiegen. Deutsche Männer sollten an dieser Stelle deshalb lieber kritisch mit sich selbst sein statt spöttisch mit den „hilflosen Regierenden“. Kein Staat der Welt kann mit Geld, guten Worten oder strengen Gesetzen die Männer dahin locken oder prügeln, wo sie trotz aller Beteuerungen, ihre Ehe „partnerschaftlich“ zu leben, nun mal nicht zu finden sind: in den Wartezimmern der Kinderärzte, an den Sandkästen der Spielplätze, auf den Buggy-Boulevards der städtischen Gärten.

Es gibt mehr Frösche als Elefanten, leider. Beim Ratsvorsitzenden der Evangelischen Kirche klang das so: „Die Rollenbilder der Männer und Väter haben sich zwar verändert, aber bei weitem nicht in dem Maße, wie die der Frauen und Mütter. An die Wurzel des Problems kommt man wohl mit der Frage, ob Männern in den tonangebenden Kreisen der Gesellschaft eine Elternzeit eher verübelt wird. Die Emanzipation der Männer steht uns in dieser Hinsicht noch weithin bevor.“

Väter wären besser als ihr Ruf …

Der Aufbruch der Männer aus ihren patriarchalischen Rollenklischees ist in den Köpfen schon weiter vorangeschritten als in der Alltagswirklichkeit: Am 31.12.2005 lebten in Deutschland 6,7 Millionen Ehemänner mit Kindern unter 18 Jahren, sagt das Statistische Bundesamt. Für 58 Prozent von ihnen ist es „heutzutage einfach selbstverständlich, dass man sich als Vater genauso um die Kindererziehung kümmert wie die Mutter", zitierte das Allensbach-Institut berufstätige Väter.

Männer zwischen 25 und 45 mit Kindern unter drei Jahren würden sich durchschnittlich 238 Minuten, also fast vier Stunden pro Tag, im Haushalt betätigen, die Hälfte davon bei der Kinderbetreuung, rechneten die Berliner Männerforscher Peter Döge und Rainer Volz vor. Das ist zwar immer noch viel weniger Zeit, als die Mutter aufwendet, aber immerhin doppelt so viel wie noch vor zehn Jahren.

Warum hören dann alte Feministinnen wie *Emma*-Herausgeberin Alice Schwarzer oder junge Feministinnen wie die Literaturkritikerin Irisch Radisch nicht endlich auf zu meckern?

Weil frau natürlich zu Recht fragt, was denn die anderen 42 Prozent jener 6,7 Millionen Väter denken und tun. Und weil im gesamtgesellschaftlichen Kontext noch immer Männer mit Lob und Anerkennung überhäuft werden für Tätigkeiten, die für eine Mutter selbstverständlich sind. („So richtig wickeln und füttern und alles, ja?!") Vor allem aber will die feministische Kritik nicht verstummen, weil es eine unübersehbare Lücke zwischen Absicht und Alltag gibt, zwischen „Wollen und Vollbringen", wie der Apostel Paulus gesagt hätte (2. Korinther 8,11).

Vor der Ankunft des ersten Kindes sind Männer und Frauen gleichen Alters etwa gleich viel erwerbstätig. Ab der Geburt des ersten Kindes sind es 88 Prozent der Väter und nur noch knapp 50 Prozent der Mütter. Und mit jedem weiteren Kind steigt der Zeitaufwand für die Erwerbstätigkeit bei den Vätern. Ein Drittel von ihnen arbeitet weit über 45 Stunden pro Woche.

… wenn sie könnten, wie sie wollen.

Männer geben beruflich Gas, wenn ein Kind kommt. Frauen treten auf die Bremse. Männer schuften mehr. Frauen ziehen sich aus dem Erwerbsleben zurück.

Es sind die neuen wirtschaftlichen Zwänge, die die alten Rollenmuster betonieren. Väter wollen zwar gern Erzieher sein (und verstehen sich auch so), sind aber de facto nur Ernährer. Der Alltag der Frauen wird mit jedem weiteren Kind häuslicher (manche finden: spießiger). Der Alltag der Männer wird mit jedem Kind stressiger (manche finden: zerrissener).

Männer geben beruflich Gas, wenn ein Kind kommt. Frauen treten auf die Bremse.

Personalchefs zählten in den 80er- und frühen 90er-Jahren verheiratete Väter zu den stabilsten Mitarbeitern einer Firma. Also solche, die weniger krank, weniger konfliktträchtig und weniger leistungsschwankend waren als andere. Das hat sich geändert: Vor allem junge Väter zählen heute zu den krankheitsanfälligen, leistungsschwankenden oder konfliktverwickelten Mitarbeitern. Warum? Weil ihnen ihr „trautes Heim“ nicht viel „Glück allein“, dafür aber viel Stress und Doppelbelastung bereitet und sie von dort entsprechend unausgeruht und genervt an den Arbeitsplatz kommen.

Den Kindern zuliebe Erziehungsurlaub nehmen, auf halbe Stelle reduzieren oder ganz zu Hause bleiben wird den Männern „verübelt“? Mehr als das. Es wird ihnen unmöglich gemacht. Der Konkurrenzdruck auf dem Stellenmarkt, der Leistungsdruck in den Betrieben und der Kostendruck für eine mittelständische deutsche Familie sind nicht dazu angetan, hochherzige pädagogische und paartherapeutische Ziele zu verwirklichen. Aus manchen – auch christlichen – Wortmeldungen zum Thema kann man den Eindruck gewinnen, die „Vereinbarkeit von Beruf und Familie“ sei eine fundamentale Herausforderung für die Frau, bei der ihr Mann sie bitte verständnisvoll unterstützen möge. Umgekehrt wird auch ein Schuh draus: Es ist *die* Zerreißprobe für den Mann.

Bei Licht betrachtet – und da haben Schwarzer, Radisch & Co schon recht – gibt es nämlich nichts zu „vereinbaren“, sondern nur zu addieren: zehn Stunden Arbeit fürs Geld plus vier Stunden Arbeit fürs Kind. Oder, weil man ja auch mal schlafen muss, die traditionelle 50er-Jahre-Aufgabenteilung zwischen Heimchen am Herd und Malocher an der Maschine. An dieser ernüchternden Tatsache ändern auch die wenigen, aber viel publizierten Ausnahmen nichts. Ein bitterer Witz unter Müttern geht so: „Wusstest du, dass aus Angst vor Ansehensverlust und Karriereknick nur fünf Prozent der berufstätigen Väter ihren gesetzlich garantierten Erziehungsurlaub in Anspruch nehmen?“

„Ja. Aber von den wenigen, die es tun, schreiben anschließend 98 Prozent ein Buch über ihre Erfahrungen!“

Vermisst wird …

Als der Psychoanalytiker Alexander Mitscherlich 1963 die deutsche Nachkriegsgesellschaft „Auf dem Weg in die vaterlose Gesellschaft“ sah, warnte er vor dem Verlust des Vaters, der den Maßstab setzte, Recht und Ordnung garantierte und Vorbild- und Identifikationsfigur war. Das trifft 45 Jahre später vielleicht noch auf die fehlenden Rollenvorbilder für kleine Jungen zu. Den von oben herab und aus der Ferne erziehenden Patriarchen („Warte nur, bis Papa nach Hause kommt!“) vermisst ja nun heute wirklich kein Mensch mehr. Aber: Vermisst wird tatsächlich und immer noch der „orale“ Papa kleiner Kinder, der körperlich spürbare, emotional präsente, der mit-lachende und mit-weinende Vater. Kein Vater „auf Zeit“, sondern „mit Zeit“. Mit viel Zeit sogar. Billiger ist partnerschaftliche Erziehungsarbeit nun mal nicht zu haben, noch nicht einmal für jene Besserverdienenden, die sich Tagesmutter und Putzhilfe leisten können. Denn, wie die bereits erwähnte Irisch Radisch in der *Zeit* zu recht warnte: „Kinder wollen für Kopfstand und Radschlagen nicht nur von der rumänischen Haushaltsfee gelobt werden – sie wollen von Papa und Mama gelobt werden.“

Erwerbstätigen Vätern aber wird in einer globalisierten und immer mehr neoliberal entfesselten Markwirtschaft der „Ausstieg für ein paar Jahre“ ebenso schwer gemacht wie den erziehungstätigen Müttern der „Wiedereinstieg nach ein paar Jahren“. Damit haben wir zwar jene Begriffe benutzt, die Wolfgang Huber kritisiert, können aber seinem Tadel an die Adresse der Industrie nur zustimmen: „Frauen leiden darunter, dass ihnen der Wechsel von der Familienarbeit zur Erwerbsarbeit schwer gemacht wird. Noch haben nicht alle Arbeitgeber erkannt, dass Kindererziehung die soziale Kompetenz und die Berufskompetenz stärkt.“ Meint wohl: Die lebenserfahrene Vierzigerin mit Kindern daheim bringt für manche Firma mehr als der job-hoppende Singlemann unter dreißig.

Salto rückwärts zum Bandscheibenvorfall der Ehe

„Die Traditionalisierung des Zusammenlebens“, schreibt der langjährige Direktor des Münchner „Instituts für Frühpädagogik“ und Professor für Erziehungswissenschaften an der Universität Bozen, Dr. Wassilios Fthenakis, „ist der Beginn eines innerfamiliären Prozesses, der zur Erosion in der Qualität der Partnerschaft führt, von der sich viele Paare nicht mehr erholen.“ Zu deutsch: Mann und Frau „packen“ zwar noch Beruf und Kindererziehung, haben aber nichts mehr voneinander und leben sich auseinander. Ihr Salto rückwärts in die 50er-Jahre kann zum Bandscheibenvorfall der Ehe führen. Warum? (Das fragen nach einer Trennung oft auch die Großeltern: „Warum denn? Wir haben's so gemacht und sind doch auch zusammengeblieben!“) Schauen wir uns die veränderte Rolle und Funktion des – gutherzig erziehungswilligen – Vaters in der heutigen Familie an:

Mann und Frau „packen“ zwar noch Beruf und Kindererziehung, haben aber nichts mehr voneinander und leben sich auseinander.

In der Bauern- und Handwerkergesellschaft der vor-industriellen

Epoche wurden Kinder bis zum zehnten oder zwölften Lebensjahr hauptsächlich von der Mutter erzogen. Ab dann jedoch – auch und maßgeblich – vom Vater. Sobald ein Kind „mit anpacken" konnte und „mithelfen" musste, erlebte es den Vater unmittelbar und hautnah bei dem, was ihm wichtig war: seinem Beruf. 150 Jahre später können die wenigstens Zehnjährigen präzise sagen, was ihr Vater tagsüber macht. Was Papa herstellt, ist selten sichtbar. Seine beruflichen Erfolge sind für ein Kind ebenso wenig nachvollziehbar wie seine beruflichen Probleme. Aus eigener Anschauung kennen sie ihn meist nur als gestressten Ruhebedürftigen oder als Leiter einer Firma namens Familie, der beim Abendbrot die schulischen und häuslichen Tagesergebnisse abfragt.

Hautnah und unmittelbar erleben sie ihn dagegen als spendablen Entertainer. Der bitte Klavier-, Ballett-, Reit- oder Nachhilfestunden, Computer und Klassenfahrt finanziert und der, im Falle guter Laune, die Kinder zu *Burger King,* ins Kino oder in einen Erlebnispark ausführt. Vater ist ein Freizeitvater, zuständig für Fun und Action am Wochenende. Dass es ihm selbst auch ein bisschen Spaß macht, spüren die Kinder. Dass es ihm aber nicht unbedingt persönlich wichtig ist, spüren sie auch. Was Papa tut, tut er ihnen zuliebe. Dafür müssen sie ihm dankbar sein. Aber teilnehmen und mitwirken an einer Tätigkeit, die er richtig „ernsthaft" macht, die ihm „echt" was bedeutet, das geht nicht.

Für solche Auswirkungen einer veränderten Arbeitswelt auf die heimische Pädagogik kann kein Vater was. Und manche Mutter hört erst dann auf, ihn dafür zu tadeln, wenn sie selbst einen hochkomplexen, also schwer kommunizierbaren Vollzeitjob ausübt. Verliert ein solcher Spendierhosen-Vater aber seinen Brotberuf, dann stürzt er nicht nur für sich selbst in eine Sinn- und Selbstwertkrise, sondern obendrein noch in Legitimationsnot bei seinen Kindern: Wozu ist Papa eigentlich gut?!

Was Frauen kaum glauben können

Prof. Wassilios Fthenakis machte im Auftrag des Bundesministeriums für Familie und Jugend 2006 eine Längsschnittstudie und stellte fest: Sieben von zehn Vätern möchten „für ihre Kinder ein Vorbild sein". Und das sollten Frauen ihnen getrost glauben. Vorbild sein. Schön. Aber worin? Für was? Bei welchen Tätigkeiten? Vorbilder bilden sich beim Kind nämlich nicht durch Vorträge, sondern durch Vormachen. Gibt es denn innerhalb des Erlebnishorizonts eines Kindes noch viel, was Mama nicht genauso „vorbildlich" könnte?

Es ist nicht eine flügellahme „Erziehungsverweigerung" der modernen Väter, sondern es sind die rasant gewachsene Bildungs- und Kulturkompetenz der Frau, ihr rapider Zuwachs an Wissen und Fertigkeiten, ihr Fort-Schritt auf allen Feldern des privaten und öffentlichen Lebens, die den Mann Schritt für Schritt aus der Erziehung herausdrängen.

„Ich hab meine Frau gebeten, doch mal die Erfolgskriterien zu definieren, die zu Hause gelten sollen. Da ist sie nur kopfschüttelnd rausgegangen."

„In der Firma weiß ich genau, was ich zu tun habe. Da bin ich auf meinem Fachgebiet richtig gut und kriege auch Lob dafür", sagt der soeben daheim ausgezogene junge Vater in der Familienberatungsstelle, „aber im Haushalt und in der Kindererziehung dilettiere ich so herum, mache nichts gut genug und steh zum Schluss als Depp da. Ich hab meine Frau gebeten, doch mal die Erfolgskriterien zu definieren, die zu Hause gelten sollen. Da ist sie nur kopfschüttelnd rausgegangen."

Frauen, deren Männer sich redlich als Hausmann und Vater betätigen (nicht nur „beteiligen", sondern eigeninitiativ betätigen!), unterschätzen oft die Macht der Gewohnheit. Oder die Macht der Hormone: Die Muttergefühle der Frau Gemahlin, ihre behütende Vor- und Fürsorge, ihre erzieherische Attitüde machen selten bei den Kindern halt. Manchmal (oder sogar häufig) werden sie übergangslos auf den Ehemann angewendet. Im selben Tonfall, in dem Mama ihre Dreijährige vor der heißen Backofentür warnt, warnt sie ihren Mann vor der Zerbrechlichkeit der Weingläser in der Spülmaschine. So entschlossen, wie sie gerade für den Fünfjährigen das Fernsehgucken beendet und das Zähneputzen angekündigt hat, beendet sie für ihren Mann das Telefonieren und kündigt das Tischdecken an.

Dass sich ein Mann, der noch vor zwei Stunden im Büro ein geachteter und vielleicht sogar gefürchteter Befehlsgeber war, nicht plötzlich wie ein rotznasiges Kind herumkommandieren lässt, liegt auf der Hand. Seine bockige Verweigerung auch. „Ich bin nicht halb so blöd, wie du denkst", ist da noch die mildeste Reaktion.

Noch ein paar Demütigungen

Frauen von Hausmännern (unterstellen wir für einen Moment mal, dass es sie gibt) unterschätzen bisweilen auch, dass ihr Göttergatte tief, tief in seinem Unbewussten alle Tätigkeiten nach einer Prestige-Hierarchie sortiert hat: Es gibt Aufgaben, deren Erledigung bringt schnelle Anerkennung. Es gibt Aufgaben, deren Erledigung bemerkt keiner. Und, noch schlimmer: Es gibt Aufgaben, die bringen Imageverlust. Österreichische Männerforscher fragten nach der Beliebtheit oder Unbeliebtheit haushälterischer Tätigkeiten. Was glauben Sie, war die unbeliebteste Tätigkeit? Wäsche waschen und bügeln? Klo putzen? – Zur Verblüffung der Fragenden war „Fenster putzen außen" für Männer das Schlimmste. Warum ausgerechnet „Fenster putzen außen"?!

Es gibt Aufgaben, deren Erledigung bringt schnelle Anerkennung. Es gibt Aufgaben, deren Erledigung bemerkt keiner. Und, noch schlimmer: Es gibt Aufgaben, die bringen Imageverlust.

„Wenn dich ein anderer Mann dabei sieht, denkt er: Wahrscheinlich muss er das machen, der arme Pantoffelheld. Wenn dich eine andere Frau dabei sieht, denkt sie: Das Fenster wird doch nie richtig sauber. Also kannst du nur verlieren."

Die wenigsten Mütter und Hausfrauen kalkulieren eine im Grunde tieftraurige Tatsache ein: Für sie, die Frau, sind Umstehende, Zuschauer und Nachbarn zunächst mal potenzielle Helfer. Für ihren Mann sind alle Zugucker potenzielle Feinde!

Steht sie, die Mutter, mit dem Zwillings-Buggy an der Bushaltestelle, rechnet sie fest damit, dass irgendeiner der Wartenden ihr beim Einsteigen helfen wird. Der Vater mit dem Zwillings-Buggy rechnet fest damit, dass irgendeiner der Wartenden ihn beim Einsteigen prüfend beobachten und – belächeln wird.

Um einen unmittelbaren, hautnahen, kindlich erfahrbaren und nachhaltig prägenden Kontakt zu seinen Kindern muss der berufstätige Vater kämpfen. Und zwar nicht gegen seine (darin meist unüberholbar bessere) Frau, sondern gegen sein eigenes Geltungsbedürfnis. Oder schlicht seine Erschöpfung. Mal eben dem Jungen das Fahrrad zu reparieren geht schneller und bringt mehr Anerkennung, als mit der Tochter einen verregneten Sonntagnachmittag lang Puppenhaus zu spielen oder Astrid Lindgren vorzulesen. Das Versprechen, ins Freibad zu gehen, schon am Donnerstag einzulösen statt am Samstag, weil der Wetterbericht einen Temperatursturz ankündigt, kostet sogar Terminverschiebungen in der Firma. Und die bringen überhaupt keine Anerkennung, sondern vermutlich Mehrarbeit.

Aber: „Familie ist der Beruf der ganzen Gesellschaft“, überschrieb Wolfgang Huber seinen Vortrag im März 2006. Und er warnte die bundesdeutsche Gesellschaft, nicht „kindvergessen“ zu werden. „Wer verlernt, mit Kindern zu leben, versteigt sich in den Wahn, er lebe allein.“ Das aber wollen bei genauem Nachdenken nicht mal die schwer berufstätigen Männer.

Tipps für Kids und Kohle

Nicht nur Kinder, die bei allein erziehenden Müttern leben, sondern auch solche aus „ganz normalen Familien“ sehen in ihren Vätern mehr oder weniger eine Mischung aus Bank und Sponsor. Gerade Teenager sind oft überzeugt: Papa dreht am Geldhahn, und daran hängt mein Glück. Kommen wir deshalb noch mal etwas genauer und praktischer auf den eingangs erwähnten „Spendierhosen-Vater“ zurück.

Wenn man der Werbung Glauben schenkt, fängt das Leben erst mit Designerklamotten so richtig an. Zwischenmenschliche Beziehungen erfordern ein Handy mit Internetzugang und Digitalkamera. Auf zwei Beinen unterscheidet sich der Mensch nicht wesentlich vom Affen, dazu braucht er vielmehr vier Leichtmetallfelgen mit Breitreifen. Koffeinhaltige Dosengetränke mit Gummibärchengeschmack verleihen Flügel – stimmt: dem Inhalt der Geldbörse nämlich, der sich in Nullkommanix davonmacht.

Wenn man der Werbung Glauben schenkt, fängt das Leben erst mit Designerklamotten so richtig an.

Teenies und junge Erwachsene sind ein Markt. Sie geben viel Geld aus, und es gibt kaum einen Industriezweig, der dieses Geld nicht gerne einsackt. An diesen Wirtschaftzweigen hängen wieder andere, zum Beispiel die TV-Talk-Programme für Jugendliche, die sich, als bildungsförderndes Fernsehprogramm getarnt, auf den privaten Sendern nachmittags tummeln und von Werbeeinahmen leben.

Neben dem Geld, das Jugendliche und junge Erwachsene direkt zur Imagepflege ausgeben, sind die Konsumwünsche Jugendlicher oft indirekt kaufentscheidend. Viele Familienväter würden es zum Beispiel niemals wagen, das Auto zu kaufen, das ihnen eigentlich reicht, wenn die Nachkommen darüber die Nase rümpfen („Igitt, da soll ich einsteigen? Dann parke bitte in der Seitenstraße, wenn du mich von der Schule abholst!“)

Pädagogen und Psychologen warnen: Viele Kids stecken bis über die Ohren in der Konsumfalle. Selbstwert und Attraktivität werden immer mehr über Besitz definiert. Wichtige erlernbare Fähigkeiten wie soziale Kompetenz, Zuverlässigkeit oder Einfühlungsvermögen verlieren in dem Maß an Attraktivität, in dem sozialer Status einfach gekauft wird. Es ist nicht schlecht, dass junge Erwachsene gesteigerten Wert darauf legen, bei anderen gut anzukommen – schlecht ist, wenn sie dabei nicht die Fähigkeiten erwerben, die wesentlich dazu beitragen, dass ihr Leben gelingen kann.

Klar, dass der Umgang mit der „Kohle" in vielen Familien Reizthema Nr. 1 ist. Eltern suchen nach Orientierung: Was ist eigentlich noch normal? Wer definiert die Maßstäbe? Wie finden wir das richtige Maß? Das Problem: *Das* richtige Maß gibt es nicht. Für jede Familie gelten andere Grundbedingungen, und wenn irgendjemand behauptet zu wissen, ob Eltern den Führerschein bezahlen sollen oder welche Summe ein Student monatlich braucht, der lügt. Das weiß keiner. Alles kann falsch sein und alles richtig. Was den einen verwöhnt, ist dem anderen zu wenig. Ein eher zwanghafter Mensch muss zur Großzügigkeit erzogen werden, ein Chaot zur Disziplin. Beides gleichzeitig geht schlecht.

Aber es gibt ein paar Prinzipien, die bei den individuellen Entscheidungen helfen können. Dazu ein paar Tipps:

Erstens: Machen Sie Geld nie zur Hauptsache.
Weder das Geld, das man hat, noch das, das man nicht hat. Wenn es Ihnen gelingt, Geld zu einer Nebensache zu machen, wird es nicht über Sie oder Ihre Kinder herrschen. („Geld ist ein guter Diener, aber ein schlechter Herr.") Spielen Sie nicht mit und unterstützen Sie es nicht, wenn Ihr Nachwuchs das Glück dieser Erde im fetten Konto oder im BMW sieht. Sinnvolle Lebensziele liegen immer im Sein begründet, niemals im Haben.

Zweitens: Vermeiden Sie Extreme.
Wenn es um Nebensachen geht, sind fast immer die Mittelwege richtig. So auch die biblische Sicht in Sachen Geld: „Gib mir nicht Armut, nicht Reichtum! … dass ich weder übersatt dich leugne … noch, arm

geworden, stehle" (Sprüche 30,8ff). Die Extreme sind ungesund. Das Motto der Sparsamen: „Arm leben und reich sterben", führt in die Sklaverei, ebenso: „Iss und trink, morgen sind wir tot."

Drittens: Lassen Sie sich ruhig in die Karten schauen.
Beginnen Sie so früh wie möglich damit, ihre Kinder an den finanziellen Entscheidungen in der Familie zu beteiligen. Es schadet nichts, wenn Kinder nachvollziehen können, wie Eltern rechnen. Das vielleicht Wichtigste, was man im Umgang mit Geld lernen kann, ist Ehrlichkeit. Gehen Sie also mit gutem Beispiel voran und lassen Sie die Familienfinanzen nicht zum Tabuthema werden. Finden Sie ein Ja zu ihren finanziellen Realitäten. Was Sie sich nicht leisten können, brauchen Ihre Kinder nicht.

Viertens: Achten Sie auf Gerechtigkeit.
Gerechtigkeit heißt nicht Gleichbehandlung, sondern ist bedürfnisorientiert. Die Verteilung unter Geschwistern darf niemals willkürlich sein. (Streitigkeiten über ungerechte Erbverteilung gehen oft über Generationen und zerbrechen Familien.) Aber ein musikalisch begabtes Kind braucht vielleicht ein Klavier, ohne dass alle Geschwister jetzt ebenfalls ein ähnlich teures „Spielzeug" haben müssen. Auf lange Sicht gesehen werden sich die Investitionen ausgleichen. Familien, in denen ständig alles gegeneinander aufgerechnet wird, können Geld nicht zur Nebensache machen.

Fünftens: Versuchen Sie nie, ihre Kinder zu kaufen.
Es ist gut, wenn Kinder sich eigenes Geld verdienen. Dabei können Eltern durchaus „Arbeitgeber" sein. („Ich biete dir einen Ferienjob an …") Aber versuchen Sie niemals, sich persönliche Nähe, innere Einstellungen oder Gehorsam zu „kaufen". Sie werden Trotz ernten, oder Heuchelei. Was bei jungen Kindern schon nicht leichtfällt, ist später, wenn sie erwachsen sind, erst recht schwierig. In der familientherapeutischen Praxis kommt es zum Beispiel gar nicht so selten vor, dass Ehen in

Schwierigkeiten geraten, weil die Eltern bzw. Schwiegereltern in die Ehe „hineinregieren“ und ihrem Herrschaftsanspruch mit dem Testament (bzw. der Drohung, es zu ändern) Nachdruck verleihen.

Letztens: Was sind Sie wert?
Unabhängig von Ihrem Konto: Sie sind einmalig, begabt, ein Geschenk des Himmels an Ihre Frau und Ihre Kinder. Gott sei Dank, dass es Sie gibt. Nicht weil Sie etwas tun, sondern weil Sie da sind. Das reicht. Wenn Sie das vermitteln, werden die Diskussionen um Geld nicht erledigt sein, aber das wirklich Wesentliche wird etwas wichtiger.

Kapitel 10

Vorbilder: Nirgends was für kleine Jungs?

Bei der Fußball-WM 2006 den Balljungen in die Augen zu schauen, trieb mir die Tränen in die eigenen: eine Gruppe Acht- bis Elfjähriger mit ehrfürchtig aufgeregten Gesichtern, hintereinander aufgereiht neben ihren Helden! Dürfen mit ins Stadion laufen, schauen beinahe ungläubig hinauf zu den jubelnden Zigtausenden auf den Rängen. Ballack, Podolski, Schweinsteiger, Klose, Lehmann und Co singen die Nationalhymne, manche mit der Hand auf der Schulter ihres Balljungen. Und ich als Fernsehzuschauer denke: Diesen Moment werden die Kleinen ihr Leben lang nicht vergessen!

Was passiert, wenn das Bedürfnis kleiner Jungen nach Idolen, nach positiven „Rollenmodellen" für Männlichkeit und Erwachsensein pervertiert wird, das haben uns der deutsch-türkische Schriftsteller Feridun Zaimoglu, die Soziologin Necla Kelek und die Rechtsanwältin Seyran Ates in ihren Büchern erzählt: Vom despotisch autoritären Vater halbtot geprügelt und zu angstvoll stiefelleckender Unterwürfigkeit erzogen, soll ein türkischer „Abi", also der älteste Junge einer Familie, seine Mutter lieben und seine jüngeren Geschwister beschützen. Nicht etwa vor dem Vater, sondern vor „Ehrverletzung". Dass diese Ehre von demjenigen eingefordert wird, der sich am unehrenhaftesten benimmt, ist dem kleinen Jungen recht früh klar. Aber wie könnte er seinem Vater diese Verlogenheit vorwerfen? Der gebrochene Wille und die Demütigungen werden abgemildert und kompensiert durch die verhätschelnde Bevorzugung, die ein „Abi" durch die Mutter erfährt. Mütter haben in der traditionellen türkischen Familie viel zu tun, aber nichts zu sagen und sind vor allem dazu da, den erstgeborenen Sohn zu hofieren. Das weiß der kleine Junge schon sehr früh und reagiert deshalb mit verwirrter Verwunderung, wenn im Kindergarten Mädchen und Jungen gleich behandelt werden. Die Verwirrung wird zur Verachtung, wenn der heranwachsende Junge mit seiner respektlosen Haltung gegenüber Lehrerinnen oder weiblichen Vorgesetzten nirgends mehr durchkommt und die ganze antrainierte Männerherrlichkeit auf den Fluren des Sozialamtes endet.

„Es mag Zufall sein, aber für eine Studie habe ich mit mehr als zwanzig jungen muslimischen Strafgefangenen in deutschen Gefängnissen gesprochen. In allen Fällen waren die Straftäter Abis, älteste Brüder … Alle handelten aus dem Gefühl heraus, niemand würde sich ihnen widersetzen, ganz gleich was sie täten“, schreibt die promovierte Soziologin Necla Kelek in ihrem Bestseller „Die fremde Braut“.

Ihre marokkanische Kollegin Fatima Mernissi warnte schon vor zwanzig Jahren die (damals noch desinteressierte) westliche Welt vor dem „schleichenden Umbruch“, der sich in islamischen Ländern ereigne: Während junge Frauen in den Schulen erfolgreicher sind als die jungen Männer, ihre Partner selbst aussuchen oder ehelos bleiben, sich Studienplätze an den Universitäten erkämpfen, gehobene Arbeitsstellen ergattern und demzufolge mehr Geld und mehr Unabhängigkeit besitzen, bleiben junge Männer ihren traditionellen Rollenklischees verhaftet. Sie begründen ihre männliche Vorherrschaft umso vehementer mit religiösen Argumenten, je weniger diese Vorherrschaft ihnen auf dem modernen Arbeitsmarkt etwas nützt. Anders ausgedrückt: Islamischer Fundamentalist wird man nicht, weil man den Koran gelesen hat, sondern weil man in die Kluft zwischen Anspruch und Wirklichkeit gestürzt ist. Die moderne, inzwischen überall auf der Welt relativ ähnliche Wirklichkeit bietet erstaunlich wenige Vorbilder

Die moderne, inzwischen überall auf der Welt relativ ähnliche Wirklichkeit bietet erstaunlich wenige Vorbilder für Jungen.

für Jungen. Zumindest wenige aus Fleisch und Blut, die im Leben eines Sechsjährigen zum Beispiel „in echt" auftauchen.

Allein unter Frauen

Das ist nicht nur in islamischen oder anderen patriarchalischen Gesellschaften so. Verlassen wir deshalb Parallelgesellschaft und Migrantenproblematik und lassen auch die Produktion synthetischer Leinwandhelden in Hollywood mal außen vor (was den Vätern Winnetou und James Bond waren, mögen den Söhnen Harry Potter und Tom Cruise sein – die Irrealität dieser Idole war und ist ihnen natürlich bewusst), und schauen wir uns stattdessen den normalen „Bildungsweg" eines Mitte der 90er-Jahre des 20. Jahrhunderts geborenen Jungen an. Nennen wir ihn, weil es so schön kurz ist, Tim.

Wenn Timmi nicht bei einem „normalen" Elternpaar aus Papa und Mama oder wenigstens in einer „Fortsetzungsfamilie" aus Stiefpapa oder Stiefmama aufwächst, dann lebt er bei der Mutter. Trotz der Novellierung des Sorgerechts von 1998 wird dieses nach einer Scheidung mehrheitlich den Müttern zugesprochen. Im Kindergarten – egal ob in kommunaler, privater oder kirchlicher Trägerschaft – trifft unser inzwischen dreijähriger Bub auf 95 Prozent Erzieherinnen und nur 5 Prozent Erzieher. Ob dieses seltene Exemplar eines männlichen „Kindergärtners" auch wirklich mit ihm spielt, ist nicht garantiert: Vielerorts sind Männer, wenn vorhanden, dann hauptsächlich mit der Leitung und Verwaltung der Einrichtung beschäftigt.

Mit Schultüte im Arm und Ranzen auf dem Rücken stellt der sechsjährige Tim fest: An deutschen Grundschulen unterrichten zu 86,3 Prozent Frauen. Und ein Drittel davon ist so alt wie seine Oma. Infolge leerer Staatskassen und sinkender Geburtenzahlen sind Schulträger nun mal äußerst vorsichtig mit dem Einstellen junger Kräfte. Obwohl Grundsschullehrer als Beamte nach A 12 bezahlt werden und mit 2560 Euro Einstiegsgehalt starten, fangen nur wenige Männer mit den ABC-

Schützen etwas an. Warum? 1969 wurden im Zuge einer Schulreform die Grund- und Hauptschulen getrennt. Seither zog's die Häupter der Familie mehr an die Hauptschulen. Möglich auch, dass männliche Absolventen der Studienfächer fürs Lehramt von mangelnden Aufstiegschancen abgeschreckt sind. Nach Lehrer kommt Rektor. Nach Rektor nichts mehr. Und das kann nur einer werden …

Geschlechtertrennung im Unterricht?

Erst an einer weiterführenden Schule – unser Knabe ist jetzt zehn oder elf – stehen die Chancen fifty-fifty, dass Tim von einem Mann unterrichtet wird. Weil aber im ersten Gymnasiumsjahr die Noten bei den meisten Kindern zunächst in den Keller gehen (oder weil die 48,8 Prozent männlichen Studienräte eben nur ihre Fächer und nicht Pädagogik studiert haben?), fällt diese Begegnung nicht immer erfreulich aus. Unser gedachter Sechstklässler ist außerdem gerade in jener Altersphase, in der die Mädchen, was körperliche und geistige Reifung angeht, weit vorauspreschen, während seine eigene noch sehr kindlich bleibt. Er findet Mädchen naturgemäß „doof", wird aber noch – und auch dafür stehen die Chancen fifty-fifty – nach dem pädagogischen Konzept der unbedingt koedukativen Erziehung unterrichtet, die nach Meinung des Schweizer Pädagogen und Psychotherapeuten Alan Guggenbühl „30 bis 40 Jahre hinterherhinkt": Aus einer Zeit, als Mädchen doch, bitte schön, lieber Hauswirtschaft statt Physik und lieber Kunst statt Chemie lernen sollten, als Pauker noch aussahen und redeten wie in der „Feuerzangenbowle" und die Lateinarbeiten ihrer Schülerinnen nur mäßig interessiert korrigierten, „weil die ja doch bald heiraten und Kinder kriegen werden" – aus diesen Zeiten stammt das feministische Anliegen, Jungen und Mädchen unbedingt gleich und in allen Fächern zusammen zu unterrichten.

„Die Benachteiligung von Mädchen und Frauen in der Schule hatte definitiv stattgefunden", räumt Alan Guggenbühl ein, „aber das hat sich heute doch komplett verändert. Es sind die Knaben, die von der Pädagogik nicht dort abgeholt werden, wo sie stehen. Es sind die Mädchen, denen die weithin gültige Pädagogik mehr entspricht. Aus der Befürchtung heraus, dass man wieder in eine alte, patriarchale Gesellschaft zurückfallen könnte, wenn man Buben anders behandelt als Mädchen, ist es fast zu einer Beschwörung geworden, man dürfe auf keinen Fall knabenspezifische Männerbilder vorgeben."

Es sind die Knaben, die von der Pädagogik nicht dort abgeholt werden, wo sie stehen.

Alan Guggenbühl ist gelernter Grundschul- und Musiklehrer und arbeitet seit 1984 als Psychotherapeut an der kantonalen Erziehungsberatungsstelle der Stadt Bern. Was schlägt er stattdessen vor?

„Es gibt die Momente, wo Buben realisieren, dass sie Männer sind. Wo sie sich eine eigene männliche Identität aufbauen wollen. Ihnen ausgerechnet in diesem Moment – vermeintlich tröstend – zu sagen, dass auch ein Junge weinen darf und ihnen ausgerechnet hier eine weibliche Beziehungssprache zu empfehlen, ist sicher kontraproduktiv. Männer drücken ihre Gefühle über Handlungen, Tätigkeiten und Interessen aus. Will man als Lehrer an die Gefühle eines Knaben herankommen, muss man seine Handlungen, seine Tätigkeiten und die für ihn wichtigen Gegenstände beachten. Bei Mädchen entwickelt man Emotionen, wenn man mit ihnen über ihre Freundinnen spricht. Oder die Situation in der Klasse reflektiert. Bei einem Knaben in dem Alter erreicht man seine Emotionen, wenn man mit ihm über Dinge spricht. Sein Skateboard zum Beispiel oder ein grandioses Projekt, das er demnächst vorhat."

Also gar keine koedukative Pädagogik mehr?

„Doch, aber differenziert. Es gibt Fächer, die gemeinsam erteilt, und Fächer, die geschlechtergetrennt unterrichtet werden sollten. Wir wissen heute, dass Mädchen besser Mathematik lernen, wenn sie unter sich sind. Und dass sich Jungen mit Fremdsprachen leichter tun, wenn keine Mädchen im Raum ihre Aussprache-Versuche bekichern. Schluss sein muss mit ideologischen Scheuklappen und mit dem gebetsmühlenhaft wiederholten Argument, die Schule müsse umerziehen. Die Schule müsse Knaben weiblicher und Mädchen männlicher machen und so die Geschlechterspezifika gesellschaftlich nivellieren.“

Das gebrochene Versprechen

Ganz gleich, wie hoch man die Errungenschaften der Frauenbewegung der 70er-Jahre lobt oder wie heftig man die Schäden, die sie verursacht hat, beklagt: Ausgerechnet auf dem Gebiet der Pädagogik haben sich Frauenrechtlerinnen am gründlichsten geirrt. Die Hoffnung, ein mehrheitlich weiblich besetzter (oder wenigstens von Männern mit dem richtigen weiblichen Bewusstsein besetzter) Bildungsweg würde irgendwann zwischen Kita und Uni aus kleinen Kerlen großartige Männer machen – diese Hoffnung hat sich nicht erfüllt. Kleine Jungen wachsen heute in mehrheitlich weiblich dominierten Biotopen auf, und allzu viele von ihnen reagieren gegen so viel Übermutterung mit Bockigkeit und Bildungsverweigerung. Das tun sie, wenn sie älter sind, natürlich auch deshalb, weil ihnen kaum noch ein Lehrer die gesellschaftliche Notwendigkeit oder gar berufliche Anwendbarkeit der veralteten Lerninhalte und starr eingehaltenen Lehrpläne plausibel machen kann. Unsere Gesellschaft hat ein fundamentales Versprechen der Aufklärung gebrochen: „Eine gute Ausbildung garantiert dir einen guten Beruf. Wer heute was lernt, kann sich morgen was leisten.“ Dieser Satz galt jahrhundertelang wie ein Naturgesetz. Jetzt nicht mehr. Wenn es egal ist, ob einer mit guten oder mit schlechten Noten keine Lehrstelle bekommt, und wenn das Studienfach zwar an der Uni erreichbar, im Erwerbsleben aber nicht mehr existent ist, dann muss sich niemand wundern, wenn Kindern die Motivation genommen und der Grund zur Bildungsverweigerung gegeben ist. Diese traurige Tatsache betrifft Schüler *und* Schülerinnen. Jungen und Mädchen. Trotzdem reagieren Jungen heftiger darauf.

Die Kumpels und der schlechte Einfluss

Tim ist jetzt 14 oder 15. Selbst wenn, wie durch ein Wunder, ein männliches Vorbild, eine bewundernswerte Identifikationsfigur, ein guter Lehrer, ein faszinierender Jugendgruppenleiter oder ein geachteter Sporttrainer an seinem Horizont auftauchte – die Chancen für positive Nachahmung stünden schlecht, denn Autoritäten sind in diesem Alter gerade mega-out.

Jetzt kommt alles auf die „Kumpels" an, die Tim findet. Ob die „cool" sind oder „Frauenversteher". Also echte Kerle oder Weicheier. Weshalb Mama manche Nacht darüber grübelt, ob die Typen, mit denen ihr Sohn um die Häuser zieht, einen guten oder einen schlechten Einfluss auf ihn haben. (Sie haben beides.) Ob es eine augenzwinkernde Angeberei ist, dass sie sich „Kampftrinkerverband" nennen, oder ob es eine völlig präzise Beschreibung ihrer Freizeitbeschäftigung ist. (Es ist beides.)

Tims Papa erinnert sich in diesen Jahren daran, dass *er* seinen Vater mit Postern von Anti-Helden ärgern konnte. Erst zierte Johnny Rotten von den „Sex Pistols" seine Zimmertür, dann der drogensüchtige Kurt Cobain und schließlich Sylvester Stallone als „Rambo" mit Panzerfaust. Ihm kommt der Verdacht, dass sein Sohn keine einzeln benennbaren Helden der Aufmüpfigkeit mehr braucht, weil er Computerspiele hat. Ballerspiele. „Carmageddon" zum Beispiel, bei dem Tim als Amokfahrer in einer Fußgängerzone möglichst viele Passanten niedermetzelt. Oder „Counterstrike", jenes Computerspiel, das Robert Steinhäuser spielte, bevor er am 26. April 2004 am Gutenberg-Gymnasium in Erfurt 13 Mitschüler, zwei Lehrer, einen Polizisten und schließlich sich selbst erschoss. Weshalb Tims Papa viel darüber nachdenkt, ob diese Spiele ein letztlich harmloses Ventil, eine virtuelle Möglichkeit des Abreagierens aufgestauter Wut sind, oder ob sie die Grenze zwischen Fiktion und Realität aufweichen. (Leider stimmt beides.) Weil alles Verbotene erst richtig begehrenswert wird, sammelt Tims Papa die Spiele-CDs nicht ein, sondern hofft darauf, dass sie eines Tages uninteressant werden. (Sie werden es!)

Tatsache ist: Jungen zeigen im Schnitt schlechtere schulische Leistungen als Mädchen (an einigen Gymnasien inzwischen sogar in den klassischen „Jungen-Fächern“ Mathe, Physik und Chemie). Jungen sind häufiger verhaltensauffällig, leiden häufiger am „Aufmerksamkeits-Defizit-Syndrom“ (ADS), die Zahl männlicher Stotterer ist viermal so hoch wie die weiblicher Sprechgestörter, und die Zahl der Selbsttötungen bei Jungen dreimal so „erfolgreich“ wie bei Mädchen. (Weibliche Suizidale inszenieren oft Selbstmordversuche, die entdeckt und ohne bleibende Gesundheitsschäden abgebrochen werden können. Junge Männer bringen sich mehrheitlich gewalttätiger und damit unrettbar ums Leben.)

Die Jugendkriminalität in Deutschland geht zwar insgesamt zurück. Die jugendlichen Kriminellen sind aber zu 97 Prozent Jungen.

A propos Gewalt: Die Jugendkriminalität in Deutschland geht zwar insgesamt zurück. Die jugendlichen Kriminellen sind aber zu 97 Prozent Jungen. Und ihre Straftaten – vom Autodiebstahl und Einbruch hin zu schwerer Körperverletzung, Totschlag, Mord, Vergewaltigung und Geiselnahme – haben sich statistisch seit Mitte der 80er-Jahre verdoppelt. Das typische Opfer männlicher Jugendkriminalität ist dabei nicht die Oma, der man die Handtasche entreißt. Das typische Opfer ist männlich und etwa gleichaltrig. Männliche Aggressivität richtet sich also mehrheitlich gegen das eigene Geschlecht.

Um kein Missverständnis aufkommen zu lassen: Daran sind nicht „die Frauen“ schuld. Weder pauschal die am Herd noch pauschal die vor der Tafel. An der allgemeinen deutschen Bildungskatastrophe haben Politik, Wirtschaft, Generationen von Länderfürsten und Pädagogen beiderlei Geschlechts und unzählbare Kultusministerkonferenzen in den letzten 20 Jahren „erfolgreich“ mitgewirkt. Und alle Bücher, in denen genau dargelegt wird, dass nur einer schuld ist (Peter Hahne: Die 68er sind schuld! Frank Beuster: Die Emanzen sind schuld! Matthias Mattusek: Die Väter sind schuld!), sollten mit Skepsis gelesen werden. Doch wie man es auch dreht, wendet und zu erklären versucht: Jungen zwischen 14 und 20 trifft die deutsche Bildungs- und Pädagogikmisere offenbar härter als Mädchen.

Nicht ernst zu nehmen?

Tim ist jetzt 17 oder 18. Einige seiner Mitschülerinnen haben die mittlere Reife gemacht und erstaunlicherweise (oder durch persönliche Beziehungen) doch noch eine Lehrstelle ergattert. Sie stehen morgens in Rock und Jacke als angehende Reiseverkehrskauffrau, Bankangestellte oder Fremdsprachensekretärin neben ihm an der Bushaltestelle. Sie wohnen zwar noch zu Hause, verdienen aber ihr eigenes Geld. Manche haben schon den Führerschein, einige sogar ein eigenes Auto, die Volljährigen fliegen mit ihrem Freund in einen All-inclusive-Schnäppchen-Kurzurlaub. Tim nennt das vielleicht „spießig", aber er fühlt sich doch zurückgesetzt. Selbst im Vergleich zu jenen Schülerinnen, die bauchfrei in Flipflops den Restalkohol der gestrigen Party ausschwitzen und mit Tim auf ihr Abitur hoffen, wirkt unser erdachtes Jungen-Exemplar noch seltsam „unerwachsen". Ein Hans-guck-in-die-Luft. Irgendwie verbummelt und verschusselt. Ein spätpubertärer Träumer, der, wenn er den Mund aufmacht, mit seiner Mischung aus Allmachtsfantasien und Aggressivität Eltern und Lehrer nervt. Ein junger Mann, den man nicht ganz ernst nimmt – obwohl er sich nichts sehnlicher wünscht als das.

Verantwortung lernen durch Verantwortung kriegen

Wann und wo würde Tim, jetzt inzwischen 20 oder 21, ernst genommen werden? Wenn er selbst Verantwortung übernähme beziehungsweise übernehmen dürfte. Als Jungschar-Mitarbeiter in einer Kirchengemeinde zum Beispiel. Als Jugendtrainer im Sportverein. Als Tutor für jüngere Schüler. Oder – und da hatte selbst die türkisch-chauvinistische

Familientradition recht – als älterer Bruder kleiner Geschwister. Wo aber wird Tim solche Verantwortung zugetraut und in klug portionierten Mengen tatsächlich übertragen?

Im Idealfall in einer christlichen Gemeinde, die einerseits feste Regeln und ethische Verhaltensmuster vorlebt, anderseits den jungen Mann aber nicht nach einer nie richtig definierten „moralischen Festigkeit" beurteilt. Im Idealfall in einer christlichen Gemeinde, die aus tiefem Gottvertrauen heraus genügend Vorschuss-Vertrauen für junge männliche Mitarbeiter aufbringt. Und aus tiefer Christusverbundenheit heraus genügend Vergebungsbereitschaft, wenn dieses Vertrauen enttäuscht wird.

Während der Fußball-Weltmeisterschaft im Juni und Juli 2006 wagte es Pastor Sieghard Wilm von der St.-Pauli-Kirche in Hamburg, fünf Gehminuten von der S-Bahn-Station Reeperbahn entfernt, in seinem Kirchgarten eine „Public Viewing"-Leinwand aufzustellen. Wie gewährleistete er die Sicherheit der Besucher? Indem er genau jene Rotlichtmilieu- und Migrantenkinder vom Kiez zu Gastgebern ernannte, vor denen sich biederbürgerliche Flaneure normalerweise fürchten. 25 Jugendliche meldeten sich freiwillig zu einem Streitschlichter-Training. Ein Pädagoge und „echter" Türsteher von St. Pauli wurde ihr Chef, und dann sorgten diese Kids vier Wochen lang für die Einhaltung der „Zehn Gebote des Fair Play". Hatte Pastor Wilm damit „den Bock zum Gärtner gemacht", wie manche fürchteten? Nein: „Jugendliche werden groß, wenn man ihnen etwas zutraut", sagt er lapidar.

„Jugendliche werden groß, wenn man ihnen etwas zutraut"

In Nick Hornbys Bestseller „About a boy" (verfilmt mit dem typisch jungenhaft-unerwachsen wirkenden Hugh Grant) wird aus einem oberflächlich-unverbindlich sich durchs Leben konsumierenden großen Jungen dadurch ein reifer Mann, dass ein ziemlich verstörter Zehnjähriger ihn quasi dazu zwingt, sich um ihn zu kümmern. Am Ende des Films ist man fast versucht, dem *Zeit*-Journalisten Patrick Schwarz zuzustimmen: „Erst wenn ein Mann zum Vater wird, ist er ein Mensch."

Der Satz ist falsch, aber abgewandelt wird er richtig: Erst wenn Männer *wie* Väter werden, haben sie sich wirklich gewandelt.

Kapitel 11

Porno: Der Säufer hat die Bar im Kopf

„Wenn dich dein rechtes Auge zur Sünde verführt, so reiß es aus und wirf es von dir." Diesen Rat Jesu aus dem Matthäusevangelium, Kapitel 5, Vers 29, hatte der junge Mann, der von der Augenklinik in die Psychotherapie überwiesen wurde, sicherlich zu wörtlich genommen. Völlig verzweifelt, weil sein Leben sich nur noch um die Bilder auf seinem Bildschirm drehte und alle Bemühungen, davon loszukommen, vergeblich waren, hatte er versucht, sich mit einem Teelöffel die Augäpfel herauszureißen. Diese Geschichte ist nicht zur Dramatisierung erfunden, sondern wirklich passiert – und sie steht beispielhaft für einen Krieg, den viele Männer täglich (oder besser: nächtlich) austragen.

Wie können Bilder eine solche Macht im Leben bekommen, dass sie das Leben selbst zu zerstören drohen? „Keine menschliche Sehnsucht ist mächtiger und schwerer in den Griff zu bekommen. Sex hat eine so starke Brennkraft, dass er das Gewissen, Versprechen, Verpflichtungen gegenüber der Familie, Glaube und alles andere, was ihm im Weg steht, verbrennen kann", schreibt der Theologe Philip Yancey.

Doch die Macht der Sexualität allein ist noch keine ausreichende Erklärung dafür, dass immer mehr Menschen suchtartig vor dem Computer sitzen. Dass sie Nacht für Nacht stundenlang mit Sexpartnerinnen chatten, Pornobilder suchen und gigabiteweise sammeln. Dass sie wegen des akuten Schlafdefizits oder weil sie dem Drang, Erotikseiten auch auf dem Bürocomputer zu öffnen, nicht widerstehen konnten, ihren Job verlieren. Und dass Ehen gebrochen und zerbrochen werden, weil Männer und Frauen glauben, ihre Traumpartner gefunden zu haben – in der virtuellen Welt.

Die neue Heimlichkeit

Der Psychologe John Suler, ein Experte auf dem Gebiet der Internetforschung, spricht im Kontext der Sex- und Chatsucht von „toxischer Enthemmung". Was ist am Internet so gefährlich, dass es zu einer „Vergiftung" des Denkens und der Selbstkontrolle kommt? Seiner Ansicht nach spielt eine besonders große Rolle, dass Internetsex völlig anonym ist: Der oder die Betroffene ist unsichtbar, und die neuen Medien – vom Internet bis zur SMS – ermöglichen eine Heimlichkeit, die es vorher nie gegeben hat. Das gilt besonders für Menschen, die im christlichen Kontext leben: Die Angst, man könnte gesehen oder erkannt werden, ist eine hohe Hemmschwelle. Welcher christliche Mann würde nicht einen hochroten Kopf bekommen, wenn man ihn beim Betreten eines Sexshops beobachtet? Welche christliche Frau würde sich trauen, mit ihren Einsamkeits- oder Vernachlässigungsgefühlen ein intimes Gespräch mit einem Fremden an irgendeiner Bar zu beginnen? Im Internet ist das alles kein Problem. Du kennst mich nicht, du siehst mich nicht, keiner wird es merken – tiefer kann die Hemmschwelle nicht sein.

Was ist am Internet so gefährlich, dass es zu einer „Vergiftung" des Denkens und der Selbstkontrolle kommt?

„Just a click away": Internetsex ist verfügbar, billig und anonym. Hardcore-Videos und DVDs gibt es an jeder Straßenecke für ein paar Cent zu leihen oder ein paar Euro zu kaufen. Damit ist die Beschaffung des Suchtmittels für kaum jemanden ein Problem.

Doch wie kann aus Pornokonsum oder Chatgewohnheiten eine unkontrollierbare Sucht werden? Schließlich hat es doch in der Menschheitsgeschichte immer Sex gegeben, und Sucht war kaum mal ein Thema dabei. Selbstdisziplin und Moral schon, aber jetzt reden wir von Krankheit oder zumindest von krankhaften Veränderungen.

Die Antwort liegt in der Verfügbarkeit und in der möglichen Häufigkeit, mit der erotische Erregung und – durch begleitende Masturbation erzeugt – Orgasmen erreicht werden. Während in einer realen Paarbeziehung nach jeder intimen Begegnung eine Zeit der sexuellen Abstinenz praktisch zwingend erfolgt, wird durch Medienkonsum eine unbegrenzte Zahl an willigen Cyberpartnern verfügbar. Während in einer realen Liebesbeziehung die Befriedigungsgefühle, Geborgenheit, Zuneigung und Zärtlichkeit zu einem ziemlich lang anhaltenden Glücksgefühl führen (in der Regel mehrere Stunden, wenn nicht Tage), ist Internetsex wie Zuckerwatte: Einen kurzen Moment schmeckt es süß, und dann ist der Hunger nur noch größer. Hirnphysiologisch ist klar: Für ein echtes, tiefes Glücksgefühl braucht man Neurotransmitter, für die man sich desensibilisiert – das heißt, wenn sie zu häufig erregt werden, wirken sie nicht mehr. Deshalb gibt es bei Internet-, Sex- und Chatkonsum eine Entwicklung, die den stoffgebundenen Süchten wie Alkohol-, Heroin- oder Nikotinsucht völlig parallel läuft. Durch die ständige Verfügbarkeit erregender Stimuli kommt es bei den Konsumenten zu einer echten körperlichen Abhängigkeit mit Toleranz (so nennt man die zunehmende Gewöhnung an den Stoff) und heftigen Entzugssymptomen. Der einzige Unterschied zu den stoffgebundenen Süchten: Die Bar ist im Kopf. Der Entzug ist mit Depression, Aggression, Ängsten oder anderen Stresssymptomen verbunden. Wer in der Sucht steckt, bekommt neue zusätzliche Probleme – die wiederum das Suchtverhalten verstärken. Ein echter Teufelskreis: Die Sucht erzeugt die Probleme, deren Bewältigung nur noch durch das Suchtverhalten möglich ist. So wie bei Antoine de Saint-Exupérys „Der kleine Prinz", der auf dem Planeten des Säufers die Frage stellt, warum er trinkt: „Um zu vergessen." Um was zu vergessen? „Um zu vergessen, dass ich mich schäme." Und warum schämt er sich? „Weil ich saufe."

Warum wir es Sucht nennen

Bisher sehen die offiziellen Handbücher der Psychiatrie keine Diagnose „Sexsucht" vor. Das wird sich ändern. So wie „Pathologisches Spielen" inzwischen unangefochten ein psychiatrisches Störungsbild darstellt, wird es in Zukunft die Diagnose „Pathologischer Internet-Gebrauch" geben. Zimmerl und Panosch, zwei österreichische Psychiater und im deutschen Sprachraum *die* Pioniere der wissenschaftlichen Internetforschung, haben schon eine schöne Abkürzung gefunden: „PIG". (Sie ist allerdings als drei getrennte Buchstaben auszusprechen und nicht wie das englische Wort gleicher Schreibweise.)

Die Forscher begannen ihre Beobachtungen mit einer Online-Umfrage im beliebtesten deutschsprachigen Chatroom, „Metropolis-Chatsystem". Die Studie ergab, dass 12,7 Prozent der 473 Probanden ein suchtartiges Verhalten aufwiesen. Aus dieser Untergruppe bejahten 30,8 Prozent, rauschähnliche Erlebnisse bei intensivem Chatten zu haben. Und 40,9 Prozent dieser Gruppe stuften sich selbst als süchtig ein.

Die diagnostischen Kriterien, die nach Zimmerl und Panosch eine solche Störung definieren könnten, sind:

- Häufiges unüberwindliches Verlangen, sich ins Internet einzuloggen
- Kontrollverluste (das heißt längeres Verweilen „online" als beabsichtigt), verbunden mit Schuldgefühlen
- Sozial störende Auffälligkeit im engsten Kreis der Bezugspersonen (Freunde, Partner, Familie)
- PIG-bedingtes Nachlassen der Arbeitsfähigkeit
- Verheimlichung/Bagatellisierung der Gebrauchsgewohnheiten
- Psychische Irritabilität bei Verhinderung des Internet-Gebrauchs (Nervosität, Reizbarkeit, Depression u. Ä.)
- Mehrfach fehlgeschlagene Versuche der Einschränkung

Die Forscher schlagen vor, die Krankheitsentwicklung in drei Phasen zu beschreiben:

- Gefährdungsstadium: Vorliegen von bis zu drei der o. g. Kriterien in einem Zeitraum von bis zu sechs Monaten
- Kritisches Stadium: Vorliegen von zumindest vier der o. g. Kriterien in einem Zeitraum von bis zu sechs Monaten
- Chronisches Stadium: Vorliegen von zumindest vier oder mehr der o. g. Kriterien über einen Zeitraum von mehr als sechs Monaten

Bei Onlinesüchtigen kommt es zu einer krankheitsbedingten Verschiebung der Werte, die der Person vor ihrer Erkrankung wichtig waren. Dazu gehören der Verlust des Respekts vor dem sexuellen Gegenüber, das Akzeptieren von Gewalt und Zwang zur sexuellen Stimulation sowie das Aufgeben christlicher Vorstellungen von Reinheit und Selbstdisziplin.

Vor dem Hintergrund dieser Werteverschiebung kommt es dann zu Umdeutungen des eigenen Verhaltens: „Es sind ja nur Bilder, es findet ja kein realer Sex statt." – „Ich brauche das halt zur Entspannung, weil ich so viel Stress habe." – „Das machen doch alle, da kann man doch nicht ernsthaft dagegen sein."

Und die Folgen ...

Sie sind der Hintergrund für viele Ehekrisen und für manche gestörte sexuelle Beziehung: Kommerzielle Sex-Angebote verändern die Sexualität in unserer Gesellschaft, und zwar in jeder Schicht, bei Menschen mit allen Glaubensstrukturen und unabhängig von mehr oder weniger konservativen Wertehaltungen. Die neuen Medien wie das Internet und Kommunikationswege wie die SMS ermöglichen eine neue Heimlichkeit: Die verräterischen Nachrichten bleiben im Handy immer gut bewacht in der eigenen Tasche und tauchen nicht parfümduftend im Briefkasten auf. Die Postfächer sind passwortgesichert, und beim Surfen auf Erotikseiten muss man niemals befürchten, von einem zufällig vorbeigehenden Nachbarn gesehen zu werden (was manchen vom Besuch im Sexladen oder Bordell abhält). Mit anderen Worten: Die Technik hat weitgehend die Angst vor dem Erwischtwerden beseitigt.

Seit Jahren beobachte ich in meiner eigenen Praxis eine stetig zunehmende Zahl von Paaren, bei denen es über Internetbekanntschaften zum Ehebruch gekommen ist, sowie eine größer werdende Anzahl Männer, die von ihrer suchtartigen Bindung an Internet-Sex-Seiten berichten. Die gleiche Beobachtung machen auch andere Ratgebende in Ehe- und Familienberatungsstellen. Auf Kongressen und im Austausch mit Kollegen besteht eine selten einmütige Deutung der Lage, unabhängig von der moralisch-ethischen Weltanschauung der Einzelnen: Wir haben es mit einem echten Problem zu tun. Es gibt im Internet keinen wirksamen Jugendschutz, und auch Erwachsene scheinen häufig völlig überfordert zu sein. Das Sex-Geschäft boomt wie nie zuvor. Von den Millionen, die über 0190-Telefonate verdient werden, bis zur legalen und illegalen Prostitution und Kinder-Pornografie geht es um riesige und immer noch größer werdende Summen. Dieses Geld geht nicht nur an dubiose, schmuddelige Geschäftemacher in Hinterhöfen, sondern in noch größerem Umfang an bedeutende, etablierte Unternehmen, zum Beispiel an die Telekom, die bei jedem 0190-Telefonat und bei vielen Internetverbindungen kräftig mitverdient. Und wo es um Geld geht, gibt es auch eine politische Lobby und machtvollen Einfluss. Bisher schützen uns Gesetze weder vor Betrug (zum Beispiel durch „Dialer"-Programme, die sich in Computer einnisten), noch verhindern sie, dass Kinder und Jugendliche Zugang zu allem haben, was es in Bild und Ton gibt. Wir können also weiter so tun, als wäre Porno kein Thema – schon gar nicht bei frommen Menschen –, aber damit machen wir uns leider etwas vor.

Pornografie wird von Männern konsumiert. Es gibt keinen Markt für Frauen, da diese – unabhängig von kulturellen Werten und Erziehung – kein Interesse daran haben. Auch der Verkauf von Zeitschriften wie *Playgirl* würde vermutlich die Papierkosten nicht decken, wenn sie auf homosexuell orientierte Männer als Kunden verzichten müssten. Regelmäßiger Porno-Konsum hat also in erster Linie Folgen für das Leben von Männern. Die Veränderungen in der Partnerschaft, die sich daraus ergeben, betreffen natürlich auch Frauen.

Zuerst einmal gibt es einen wesentlichen Unterschied zwischen Männern und Frauen, der auch dazu führt, dass Männer in diesem Bereich sehr viel verführbarer sind: Der maskuline Sexualtrieb richtet sich nicht „automatisch" auf eine Person, mit der sie Nähe, Vertrautheit und Bindung erleben. Er richtet sich auf jede Frau, die ihm erotisch attraktiv erscheint. Das heißt in der Regel, dass sie hübsch anzusehen ist und eher jugendlich wirkt. Bei Frauen spielt das Aussehen des Partners zwar auch eine Rolle, aber im Vordergrund steht das Interesse an der Beziehung und an den Eigenschaften des Mannes als zuverlässigem Partner sowie an sozialem Status und Macht. So kommt es auch viel häufiger vor und ist sozial eher akzeptiert, dass ein Mann im mittleren Alter eine Verbindung mit einer jüngeren Frau eingeht, als umgekehrt.

Schade um das Zauberhafte

Die Entwicklung der männlichen Sexualität in der Teenagerzeit ist mit einem sprunghaften und oft für den jungen Mann belastenden Anstieg sexueller Bedürfnisse, Fantasien und Impulse verbunden. Das vorherrschende Erleben dabei ist Frustration. Diese Erfahrung führt ohne Zweifel dazu, dass ein erwachsener Mann Frustrationstoleranz entwickelt hat, die er – spätestens wenn er Vater wird – auch dringend braucht. Durch die Verfügbarkeit käuflicher sexueller Befriedigung wird dieser Lernprozess gestört. Das führt in einer späteren Partnerschaft nicht nur zu einer egozentrischen Sexualität, die sexuellen Fantasien entwickeln sich dadurch auch immer mehr in die Richtung „härter" und „weniger zärtlich". Pornografie zeigt „sexbesessene" Frauen, die nichts anderes wollen, als möglichst viele gut aussehende Männer auf jede erdenkliche Art und Weise zu befriedigen. Es handelt sich also um eine Projektion männlicher Sexualfantasien, die in pornografischen Darstellungen als Normalität gezeigt werden. Das führt nicht gerade zu einer einfühlsamen Wahrnehmung der Partnerin. Dabei spielt die Vernunft keine besonders große Rolle: Männer wissen „im Kopf", dass das, was sie sehen, in Wirklichkeit nicht normal ist. Doch sexuelles Empfinden mit allen Wünschen und Bedürfnissen wird nicht von der Vernunft dirigiert, sondern von Vorstellungen und Fantasien. Und die werden – Vernunft hin oder her – durch die Beschäftigung mit Bildern geprägt.

Der Konsum von Pornografie beginnt dabei in der Regel relativ „soft", also mit Bildern oder Videos, die der Fantasie noch Raum lassen und vielleicht sogar eine ästhetische Qualität besitzen. Doch durch die jederzeit verfügbare Stimulation werden diese Bilder bald langweilig. Sexuelle Bedürfnisse sind nämlich nicht wie Hunger oder Durst nach der sexuellen Handlung „gestillt", sondern machen Lust auf mehr. In einer gesunden Partnerschaft setzt in der Regel die Frau irgendwann eine Grenze, die zur Frustration führt. Diese wiederum führt schließlich wieder zu erhöhter Erregbarkeit, so dass Sexualität zwischen „real existierenden" Partnern immer wieder neu spannend und aufregend wird. Pornografie kennt keine Frustration, und man gewöhnt sich schnell. Zur stärkeren Erregung wird deshalb „Hardcore" nötig, das heißt Darstellungen mit immer gröber und bizarrer werdenden Inhalten. Wenn auch das nicht mehr interessant genug ist, wird Sexualität entweder insgesamt langweilig oder ist nur noch faszinierend, wenn es extrem abartig zugeht: Sex mit mehreren Partnern oder Partnerinnen gleichzeitig, Kinder-Pornografie, Darstellung brutaler Vergewaltigungen, Koten und Urinieren, um einige Auswüchse zu nennen.

Der Zauber, den es bedeutet, vorsichtig und spielerisch miteinander zu entdecken, was Sexualität alles sein kann und wie man/frau sich gegenseitig Freude machen kann, ist nach ein paar Jahren Pornokonsum vorbei.

Und irgendwann ist selbst hier die Gewöhnung erreicht. Eine normale, partnerschaftliche und zärtliche Sexualität ist mit dieser Fantasie schon lange nicht mehr möglich beziehungsweise erregend. Der Zauber, den es bedeutet, vorsichtig und spielerisch miteinander zu entdecken, was Sexualität alles sein kann und wie man/frau sich gegenseitig Freude machen kann, ist nach ein paar Jahren Pornokonsum vorbei. Die Folge ist Desinteresse und Impotenz bei Männern. Das ist seit einigen Jahren denn auch die am stärksten zunehmende Störung in der Sexualtherapie – nicht allein, aber wesentlich durch Pornografie bedingt.

Egozentrische Sexualität

Konsum von Pornografie ist in der Regel mit Masturbation verbunden. Anders als bei der (gesunden und normalen) Masturbation, mit der zum Beispiel Teenager in Verbindung mit zärtlichen Fantasien ihre eigenen körperlichen Reaktionen kennenlernen, geht es bei pornografisch angeregter Masturbation um eine möglichst schnelle, hohe Erregung und um das baldige Erreichen eines Höhepunktes. Es gibt kein besseres Training für egozentrische Sexualität als eine Übung, bei der es nur um die möglichst schnelle eigene Befriedigung geht.

Ein sexuell gesunder Mann nimmt bei einer erotischen Begegnung sehr viele weibliche Reize wahr: Ihre Bewegungen, ihre Beine, ihr Gang und Hüftschwung, ihre Art zu reden, ihre Haare und ihr Lächeln erhöhen die Attraktivität der Frau. Dazu kommen in der sexuellen Begegnung die Atmung, das Stöhnen, Schwitzen und die Sekretion von Körperflüssigkeiten – diese Zeichen der Erregung fördern das Lustempfinden beim Mann erheblich. Das alles spielt beim Videosex-Masturbieren keine Rolle. Auch der eigene Samenerguss wird nicht mehr gefühlt. Mit dem *Playboy* in der gekachelten Toilette läuft alles geräuschfrei und steril ab. Man(n) gewöhnt sich an so etwas. Die „lovemap", also die Bandbreite erotischer Reize, beschränkt sich nach kurzer Zeit im Wesentlichen auf Genitalien und Brüste. Die mit echter Sexualität verbundenen Gerüche, Geräusche und Berührungen mit Körperflüssigkeiten werden nach einiger Zeit sogar als abstoßend oder gar ekelerregend erlebt. Damit beschränkt sich aber die Praxis der

Sexualität automatisch immer mehr auf absurde Fantasien, die steril ausgelebt werden.

Weiß Ihre Frau schon davon?

Die Partnerinnen von Männern, die in der Porno-Falle stecken, zeigen sehr unterschiedliche Reaktionen. Die häufigste ist, nach den Erfahrungen, die ich in meiner Therapiepraxis gemacht habe, die Resignation. Manche Frauen kämpfen um die „Vorherrschaft“ in der Sexualität – entweder durch Konfrontation und Konflikt oder durch den Versuch, die Pornografie selbst zu „übertrumpfen“ oder wenigstens mit ihr zu konkurrieren. Diese Bemühungen haben allerdings schlechte Erfolgsaussichten, so dass nach kurzer Zeit die Resignation überhandnimmt.

Eins geschieht dabei immer: Die Partnerin verliert auf Dauer jede Achtung vor ihrem Mann – und oft auch vor sich selbst. Seine Beschäftigung mit anderen Frauen erzeugt bei ihr Minderwertigkeitsgefühle. Sie erlebt sich als nicht (mehr) attraktiv genug und kann ihren Mann oft nur noch sexuell erregen, wenn sie ihm Sexualpraktiken ermöglicht, die er vom Video kennt und die seine Fantasie beherrschen. (In diesem Zusammenhang sei angemerkt: Es gibt keine Sexualpraktiken, die innerhalb einer Ehe verboten oder ungesund wären – wenn beide Partner gerne mitmachen und spielerisch-liebevoll miteinander umgehen. Das ist bei diesen Paaren jedoch praktisch nie der Fall.)

Dass die meisten Frauen keine Lust auf diese Art von Sexleben haben, ist gut nachvollziehbar. Da es den meisten Frauen außerdem schwerfällt, ihre eigenen sexuellen Bedürfnisse zu artikulieren, werden sie scheinbar „asexuell“. Sie sehnen sich nach Liebe und Nähe, sie möchten Zärtlichkeit und Sexualität, die nicht fordernd sind. Aber auf diese Bedürfnisse kann der Mann jetzt nicht mehr mit innerem Interesse reagieren. Und da die meisten Männer wohl auch nicht besonders gut darin sind, Interesse so gut zu spielen, dass die Frau es ihnen glaubt, wird die eheliche

Sexualität konfliktreich und unbefriedigend. Die enttäuschte und oft verächtlich-ablehnende Reaktion der Frau gibt dem Mann dann wiederum eine willkommene Ausrede: Er fühlt sich neu berechtigt, seine durch Pornografie kranke und durch seine Frau gekränkte Sexualität außerhalb der Ehe auszuleben.

Es gibt nur einen Ausweg aus der Porno-Falle: die radikale Abwendung von jedem Porno-Konsum, verbunden mit einem echten und tiefgehenden Aufarbeiten der Folgen sowohl bei ihm als auch bei ihr. Vertrauen wiederzugewinnen, braucht Zeit. Oft hat die Beschäftigung mit Pornografie Hintergründe, die aufgedeckt werden müssen: Probleme in der Ehe sind nur eine Möglichkeit. Häufig stehen auch verdeckte Depressionen oder unbewältigter Stress hinter der verkrampften Suche nach Erregung. Nicht zuletzt führt Porno-Konsum in eine echte Sucht, die dann wiederum andere Probleme nach sich zieht – finanzielle, gesundheitliche und solche in der Beziehung zu anderen Menschen, zu Gott und zur eigenen Person. Hier ist professionelle Hilfe nötig. Je früher man sie sucht, desto besser und einfacher kommt man wieder zurecht.

Männer surfen anders, Frauen auch

Es ist kein Geheimnis: Sehr viele Frauen sind vom Leben enttäuscht, von ihren Männern in ihren Beziehungsbedürfnissen frustriert, von Doppelrollen in Beruf und Haushalt gestresst oder durch schlechtere Berufschancen an der gleichberechtigten Entfaltung eigener Begabungen gehindert. Depressionen kommen bei Frauen etwa im Verhältnis 7 zu 4 häufiger vor als bei Männern, bei Angststörungen steht es sogar 2 zu 1. Frauen sind häufiger mit ihrer Ehe unzufrieden und fühlen sich vernachlässigt (obwohl bei dem Gefühl, in der Ehe unverstanden zu sein, die Männer die Nase vorn haben).

Frauen leben die Sehnsucht nach vertrauensvoller, emotionaler Nähe im Chatforum virtuell aus – genau wie die Männer ihre Sehnsucht nach leidenschaftlicher Sexualität. Dabei wird ein Unterschied zwischen Männern und Frauen deutlich: Männer suchen Bilder, Frauen suchen Worte. Dass die einen genauso unecht und erfunden sind wie die anderen, hindert die Suchtentwicklung nicht. Etwas überspitzt könnte man sagen: Was dem Mann sein *Playboy*-Heft, ist der Frau ihre Liebesschnulze. Dass die als weniger obszön gilt, mag gute Gründe haben. Und doch: Das Männerbild, das in Frauenzeitschriften hauptsächlich kolportiert wird, ist in keiner Weise weniger unanständig als das Frauenbild der Männerzeitschriften. Hier wie dort klafft ein riesiger Abgrund zwischen Sekt und Selters, zwischen Fantasie und Realität, zwischen der perfekten Schönheit beziehungsweise dem unendlich zu bewundernden Helden und dem durchaus liebenswerten und liebevollen „Normalo".

Je frustrierter frau ist, desto fantastischer werden ihre Tagträume und desto unerfüllbarer ihre Erwartungen. Nur an einem Ort ist es anders: im Internet! Chatrooms sind prall gefüllt mit unglaublich einfühlsamen, starken und gut aussehenden Männern. Voller Wertschätzung und Hochachtung für das Gegenüber geben sie die vertraulichsten und persönlichsten Dinge preis, haben keine Probleme, ihre Gefühle offenzulegen und lassen im Kopfkino eine Mischung aus Robbie Williams und Richard Gere entstehen. In Wirklichkeit sitzt am anderen Bildschirm ein dickbäuchiger Loser, der sich eigentlich um seine Frau und die Kinder kümmern sollte, stattdessen aber den tollen Lover spielt – im Feinrippunterhemd und mit Bierdose neben der Tastatur. Aber das sieht ja keiner.

Je frustrierter frau ist, desto fantastischer werden ihre Tagträume und desto unerfüllbarer ihre Erwartungen. Nur an einem Ort ist es anders: im Internet!

Im Chatroom gibt es nur tolle Männer. Und jede Menge Frauen, die das so furchtbar gerne glauben möchten, dass sie es am Ende tatsächlich tun.

Die Hirnphysiologie der Sucht ist dabei immer die gleiche, egal ob es um den weiblichen Traum vom idealen Mann oder den männlichen Traum von der perfekten Frau geht.

Internetsucht kann geheilt werden

Obwohl viele Christen das glauben: Sexualität ist nicht die körperliche Seite der Liebe, sondern ein ganzheitliches, körperlich-seelisch-geistliches Geschehen, das den ganzen Menschen umfasst. Deshalb sind auch alle Dimensionen des Menschseins von Sexualstörungen wie der Internetsucht betroffen: Geist, Seele und Leib. Wenn es um Behandlung und Genesung geht, müssen folglich auch alle Aspekte in den Blick genommen werden:

Die biologische Komponente der Sucht darf nicht unterschätzt werden. Sie ist ähnlich stark wie bei stoffgebundenen Süchten: „Ein Sex-Süchtiger ist wie ein Alkoholiker, nur dass sein Gehirn selbst die Bar ist.“ Aus diesem Grund sind auch zur Entwöhnung ähnlich drastische Maßnahmen notwendig: Ein Totalentzug, das heißt die vollständige Abstinenz aller erotischen Stimulierung, egal ob in oder außerhalb der ehelichen Partnerschaft, ist eine Grundvoraussetzung für alle weiteren Schritte. Die Hirnphysiologie der Sexualität unterscheidet nicht wesentlich zwischen Ehebett und Bordell. Süchtige müssen durch den Entzug, bevor sie sich an neue Schritte wagen können. In der Regel sind drei Monate Abstinenz das Minimum, mit allen Auswirkungen, die das auch für das Leben des Partners oder der Partnerin hat. Im Unterschied zu stofflichen Drogen, bei denen eine dauerhafte Totalabstinenz erreicht werden soll, wäre hier allerdings die Rückkehr zur kontrollierten Praxis erwünscht.

Die psychologische (seelische) Seite der Internetsucht und ihrer Behandlung ist komplex. Obwohl jeder Mensch süchtig werden kann, ist in der großen Mehrzahl der Fälle eine vorherige, unbehandelte Störung (zum

Beispiel eine Depression) vorhanden. Auffallend häufig ist bei sexsüchtigen Männern eine Lebensgeschichte mit schwerer Traumatisierung in der Kindheit, wie Missbrauch oder früher Tod eines Elternteils. Auch die Partnerinnen sexsüchtiger Männer haben mit deutlich erhöhter Häufigkeit ähnlich verletzende Erfahrungen gemacht, und es scheint, dass der Schweregrad der seelischen Verwundungen bei der Partnersuche und -wahl unbewusst eine bedeutsame Rolle spielt. PsychotherapeutInnen, die von Traumatherapie nicht viel verstehen, sollten sexsüchtige Klienten an einen Kollegen verweisen.

Wie bei allen Suchterkrankungen spielen Gruppentherapie beziehungsweise die Selbsthilfegruppe in der Behandlung eine zentrale Rolle. Paradoxerweise sind bei onlinesüchtigen Menschen Onlinegruppen durchaus sinnvoll: Wer sich krankhaft im Internet verlieren kann, kann dort auch gesunde Kontakte finden.

Was *die geistlichen Aspekte und die Seelsorge* betrifft, sind Sexsüchtige wie alle Suchtkranken durch die Bindung an das Suchtverhalten einem Götzen auf den Leim gegangen. Das Versprechen der großen Befriedigung weicht der Realität der Sklaverei. Von daher ist die Bindung an Gott, der „aus der Sklaverei herausgeführt hat" unendlich befreiend. Dieser Gott, der keine anderen Götter neben sich duldet, weil diese nämlich „Pharaonen" sind, kann die Leere füllen, die durch Bilder und Tagträume nicht erfüllt wird. Alle klassischen Formen der Seelsorge sind hier wichtig: Trost – weil durch die Krankheit so viel kaputt gegangen ist. Konfrontation – weil das Leben eine neue Richtung braucht. Beichte – weil die Schuld erdrückend ist und der Zuspruch der Vergebung lebensnotwendig. Segnung und Fürbitte – weil Gott liebt und helfen will.

Das Versprechen der großen Befriedigung weicht der Realität der Sklaverei.

Ein Heilungsprozess hört nicht auf, Rückfälle sind nie ausgeschlossen, und Schwächen verschwinden selten ganz. Aber: Viele Menschen haben Heilung erfahren, leben glücklicher und ehrlicher, als sie es je vor der Erkrankung getan haben – und sie erleben in echten Liebesbeziehungen, was sie im Internet vergeblich suchten.

Kapitel 12

Ein eigener Mensch werden

Was den Menschen vom Tier unterscheidet, ist ein Geschenk, das Gott ihm gemacht hat: Der Mensch ist Gottes Ebenbild. Dazu gehört die Fähigkeit zu einer Art von Begegnung, die das Tier nicht kennt: Der Mensch kann die Welt aus der Perspektive des anderen erfahren. Er kann seine ganz persönlichen Erlebnisse und Gefühle anderen so mitteilen, dass diese sagen können: „Ja, jetzt habe ich verstanden, was in dir vorgeht …"

Diese Fähigkeit ist aber nicht plötzlich da, sie muss entwickelt und geübt werden. Und es gibt Prozesse, die einem Menschen bei seinem Versuch, anderen Menschen zu begegnen, einen Strich durch die Rechnung machen. Oft ist es zum Beispiel in der Familienatmosphäre bedingt, dass eine echte, aufrichtige zwischenmenschliche Begegnung schwierig oder fast unmöglich wird.

Natürlich sind Christen von diesen destruktiven Prozessen nicht ausgenommen. Vielleicht stimmt sogar das Gegenteil: In mancher Hinsicht scheint es, als ob ein einseitiges Glaubens- oder Gottesverständnis bzw. bestimmte soziale Normen christlicher Gruppierungen dazu beitragen können, dass echte Begegnungen eher schwieriger werden. Solche Einseitigkeiten bzw. Normen führen zum Beispiel zu einem festgelegten Idealbild des „guten christlichen Mannes", wogegen die zwischenmenschliche Begegnung gerade von der individuellen Vielfalt und den Unterschieden lebt.

Identität braucht Begegnung

Gemeinschaft und persönlicher Austausch mit anderen sind für Menschen kein Luxus, auf den sie genauso gut verzichten könnten. Im Gegenteil: Sie sind lebensnotwendig. Die Beobachtungen von René Spitz an deutschen Waisenhäusern der Nachkriegszeit zeigen, dass Sauberkeit, Wärme und Nahrung nicht ausreichen, um einen Säugling am Leben zu erhalten. Viele der Waisen litten offensichtlich vor allem an einem Mangel an menschlicher Begegnung. Ohne Ansprache, Gehaltenwerden und Nähe wurden sie schwach, dann krank, und starben schließlich, obwohl sie körperlich gut versorgt wurden.

Menschen, die über das Säuglingsalter hinweg sind, sterben wohl nicht mehr „so ohne Weiteres" an Einsamkeit. Doch die Isolation führt für viele zu unerträglichem Leiden, oft verbunden mit lebensverkürzenden psychosomatischen Krankheiten, und im Extrem zum Selbstmord als letztem Ausweg.

In jeder Stufe der menschlichen Entwicklung spielt die Begegnung mit anderen als Grundlage der persönlichen Identität eine wichtige Rolle. Wer ich bin, kann ich nicht direkt und unmittelbar erfahren. Dazu brauche ich andere, bei denen ich miterleben kann, wer ich *für sie* bin.

Die rein subjektiv erlebte eigene Erfahrung ist bedeutungslos und verwirrend, wenn man sie nicht neben die Erfahrung anderer stellen kann.

Der jüdische Religionsphilosoph Martin Buber fasste seine Philosophie und Erfahrung in einem Satz zusammen: „Der Mensch wird am Du zum Ich." Es geht dabei nicht nur um die Entwicklung eines Selbstbildes aufgrund von Botschaften anderer („So bist du"), die dem Einzelnen eine Vorstellung davon vermitteln, wie er oder sie auf andere wirkt. Das ist zwar auch wichtig, aber es geht um mehr: Jeder Mensch muss lernen, seine persönlichen Erfahrungen einzuordnen. Die rein subjektiv erlebte eigene Erfahrung ist bedeutungslos und verwirrend, wenn man sie nicht neben die Erfahrung anderer stellen kann. Das bedeutet, dass ein Lebensbereich, in dem man zwar emotionale Erlebnisse hat, aber über den man mit anderen Menschen nicht sprechen kann, zu großer innerer Not führt: Die bestehenden Gefühle können nicht eingeordnet werden, scheinen verboten zu sein. Solche Tabus wirken wie eine Zensur des Erlebens und erzeugen blinde Flecke in der Wahrnehmung.

Jede Kultur, Gemeinschaft, Gemeinde oder Familie hat ihre Tabubereiche, die dadurch definiert werden, dass die Mächtigen, die Leiter oder die Eltern selbst über diesen Bereich nicht sprechen. Wenn andere darüber reden, ignorieren sie es oder bestrafen es sogar. So wird vermittelt: „Darüber sprechen wir nicht."

In mancher Hinsicht scheint es, als habe unsere Gesellschaft ihre Schamgrenzen verloren. Diese Entwicklung hat aber leider nicht dazu geführt, dass man heute in den Familien offener und ohne Peinlichkeit über persönliche Gefühle, die Sexualität und ähnliche Themen spricht. Ein Tabu kann es außerdem in jedem anderen Bereich geben. Kann man offen über die Einstellung zum Geld reden? Über das Körpergewicht der Mutter? Über die Zornausbrüche des Pfarrers? Über die Langeweile bei einer Predigt? Über die Spannungen zwischen Eltern und Großeltern? Über das Alkoholproblem beim Kollegen Müller? Über den Selbstmord von Herrn Meier? … Man muss über alles reden *dürfen*, was wichtig ist. Dass es Intimsphären gibt und geben muss, ist dadurch nicht in Frage gestellt – man soll nicht über alles reden *müssen*.

Wichtige emotionale Erlebnisse, die man nicht mit dem Erleben anderer vergleichen kann, werden als „anormal" wahrgenommen. Das heißt, diese Emotionen sind nicht wünschenswert und werden am Ende gar nicht mehr wahrgenommen, weil sie nicht wahr sein dürfen. In christlichen Gemeinschaften und Familien gilt das besonders häufig bei Gefühlen wie Ärger und Uneinigkeit, aber auch bei anderen Gefühlen, die fälschlicherweise dem Bereich der Sünde zugeordnet werden. Dadurch, dass man diese Gefühle verdrängt, werden sie aber nicht bewältigt und bleiben auch nicht ohne Auswirkungen. Der Mensch wird vielmehr blind für einen Teil seines eigenen Erlebens, und solche mehr oder weniger stark ausgeprägten „blinden Flecke" haben wohl alle Menschen. Sie führen zu einer unrealistischen Wahrnehmung der eigenen Verhaltensweisen und der anderer Personen. Wenn diese Wahrnehmungsverzerrungen stark ausgeprägt sind, wird der Realitätsbezug eines Menschen schwächer, und am Ende wird er „neurotisch". Wenn Max sich nicht eingesteht, wie viel Angst er vor der Konkurrenz seiner Kollegen hat, ist er deswegen nicht innerlich entspannter. Er kann aber mit niemandem darüber reden. Und weil er das nicht kann, erlebt er auch nicht, dass jemand ihn mit seinen Ängsten verstehen, ja sogar achten und lieben kann. Das verstärkt die Verunsicherung und führt zu mehr Ängsten, die sich Max wiederum nicht eingestehen wird. Wenn Robert seine Trauer und den Schmerz, den ihm eine tief verletzte Kindheit zugefügt hat, zu bewältigen glaubt, indem er vorgibt, niemanden zu brauchen – wird er dadurch weniger einsam? Natürlich nicht, aber er weiß es selbst nicht und macht auf „starken Mann". Innerlich bleibt er sehnsuchtsvoll auf der Suche nach der Erfüllung, die er bei seiner Frau finden könnte – wenn er ihr etwas mehr über sich erzählen würde. Und dann ist da noch der immer nette und warmherzige Manuel, der seine Wut und seinen Ärger nicht spürt, weil er dann ja die Liebe der anderen verlieren könnte. Er fühlt sich ständig ausgenutzt und zu kurz gekommen, hat aber, weil er keinen Ärger zulässt, nicht die Power, sich auch durchzusetzen. Anstelle von Ärger erlebt er nur Hilflosigkeit und schließlich eine ausgewachsene Depression.

Erfahrungen, über die man nicht reden kann, werden also zum seelischen Krankheitsherd. Das heißt: In einer gesunden Gemeinschaft müssen alle Gefühle, die ein Mitglied erlebt, „okay" sein. Ein gutes Realitätsempfinden zu entwickeln, bedeutet dementsprechend, in der Auseinandersetzung mit der Umwelt so wenig Wahrnehmungsverzerrung wie eben möglich zu dulden. Das wird dann erreicht, wenn alle emotionalen Erlebnisinhalte wahr sein dürfen, also von anderen Personen bestätigt werden. Diese Bestätigung findet auch dann statt, wenn wir miterleben, dass eine andere Person ähnliche Erlebnisse hat wie wir selbst. Nun gibt es in jeder Familie, aber auch in jeder Kultur oder Subkultur, Bereiche, die unter „Zensur" stehen, in denen man also selten oder nie von anderen hört, wie sie etwas *wirklich* erleben. So erleben viele Jungen und Männer nie, dass auch andere – Väter eingeschlossen – Angst haben, dass sie sich unsicher fühlen, dass sie sich nach Liebe sehnen, dass sie sich schwach fühlen, dass sie schuldig sind, dass sie traurig oder verzweifelt sind, dass sie sich schämen … Die Liste ist lang. Männliche Jugendliche werden stattdessen tagtäglich mit einem Stereotyp männlicher Selbstsicherheit und Überlegenheit konfrontiert, das ihnen mitteilt: Was du selbst erlebst, ist nicht normal. Das führt bei den meisten dazu, dass sie diese Gefühle bei sich selbst ablehnen, nicht wahrnehmen wollen und schließlich mit Erfolg verdrängen.

Der Kreis schließt sich: Wer Empfindungen von Schwachheit und Bedürftigkeit nicht wahrnimmt, zeigt sie natürlich auch nicht nach außen. Und vermittelt damit wiederum den anderen, dass das, was sie erleben, nicht normal sei.

Jeder Mann muss also selbst die eigene männliche Identität konstruieren – aber das kann er eben nicht allein. Identität ist kein „autistisches“, statisches Gut, sondern entsteht immer neu und nur „in Beziehung zu …“. Mit anderen Worten: Was es bedeutet, ein Mann zu sein, entwickelt sich in der Interaktion mit den Menschen, die mir wichtig sind. Was es bedeutet, Vater zu sein, entwickelt sich in der Beziehung zu meinen Kindern. Was es bedeutet, Ehemann zu sein, entwickelt sich in meiner Partnerschaft.

Was es bedeutet, ein Mann zu sein, entwickelt sich in der Interaktion mit den Menschen, die mir wichtig sind.

Statische, ideologische Vorstellungen werden dabei keinem Menschen gerecht. Echte Männlichkeit muss zuerst einmal echt sein. Wie „man“ als Mann zu sein hat, darf nicht die Gefühle bestimmen, die für Männer zugelassen sind. Die individuelle maskuline Identität entwickelt sich von allein, wenn ein Mann mit sich selbst und anderen echt ist. Echtheit ist der Schlüssel.

Echt Mann sein

Identität hat zwei wesentliche Schwerpunkte: zum einen, was ich fühle, spüre und empfinde, und zum anderen das Bild, das ich von mir habe: was ich über mich glaube, denke und für wahr halte. Es gibt also ein *Selbst*, das unverfälscht und von allein Gefühle und emotionale Reaktionen bewusst werden lässt, und ein *Selbstkonzept*, das diese Erfahrung reflektiert, bewertet und einordnet. Der fühlende und denkende Mensch fühlt auch sich selbst und denkt über sich nach.

Der amerikanische Psychologe Carl Rogers definiert Echtheit als die Übereinstimmung von Selbst und Selbstkonzept: Das Bild, das ich von mir habe, muss mit dem, was ich empfinde, übereinstimmen. Rogers und seine Mitarbeiter haben in unzähligen Untersuchungen festgestellt, dass Echtheit der zentrale Faktor seelischer Gesundheit und dauerhafter, guter Beziehungen ist. Aber was hilft Menschen, echt zu werden?

Drei Dinge braucht der Mann:

Erstens: Beziehungen zu anderen, die echt sind. Wir müssen lernen, uns ehrlich und aufrichtig zu begegnen. Wir dürfen nicht „über den Dingen stehen", wenn wir in Wirklichkeit mittendrin sind – manchmal bis zum Hals. Wir müssen aufhören, uns zu schämen, wenn wir unsicher sind und uns schwach fühlen. Und Mut zeigen, wenn wir uns etwas trauen wollen. Stark sein, wenn wir uns sicher fühlen. Vorsichtig sein, wenn wir Risiken spüren. Unsere Trauer zeigen, wenn wir uns Trost wünschen. Ärger zeigen, wenn jemand unsere Grenzen übertritt, und müde sein dürfen, wenn wir erschöpft sind. Echtheit ist ansteckend. Menschen die echt sind, kann man leichter lieben, man weiß, wo man dran ist, man kann Konflikte klären, gemeinsame Vorlieben miteinander genießen und Grenzen gegenseitig respektieren.

Zweitens: Beziehungen zu anderen, die mich so annehmen, wie ich bin. Wir müssen lernen, uns selbst und andere nicht zu bewerten. Die Bedingungen, nach denen Wertschätzung gegeben oder verweigert wird, sind am Ende immer eine Summe von Vorurteilen. Wenn es stimmt, dass jeder Mensch unendlich wertvoll ist, dann ist es willkürlich und dumm, seinen Wert an äußeren Erfolgen, an Besitz, Attraktivität oder anderen Maßstäben zu messen. Klar, dass es für jeden Menschen andere gibt, die mehr oder weniger attraktiv sind. Aber wir müssen uns klarmachen, dass unsere Sympathien und Antipathien ein Symptom unserer eigenen Beschränktheit sind und nicht objektive Eigenschaften, die andere Menschen haben oder nicht haben. „Ich bin o.k. und du bist auch o.k.", heißt dabei nicht, dass wir kritiklos und ohne Konflikte leben sollten. Aber die Kritiken und Reibungsflächen dürfen nicht zur Abwertung führen.

Drittens: Beziehungen zu Menschen, die sich für unser Inneres interessieren. Wir müssen lernen, uns mitfühlend und einfühlsam anderen zuzuwenden. Raus aus der Ich-weiß-was-du-tun-musst-Haltung und Zuhören lernen! Wie angenehm sind Menschen, die sich selbst und andere nicht ständig ändern müssen, sondern aushalten können. Die nicht wissen müssen, sondern spüren können. Menschen, die sich anderen zumuten und auf Augenhöhe bleiben. Ich brauche manchmal Menschen, die mir helfen, Worte zu finden für das, was ich selbst noch nicht sagen kann. Die behutsam meiner Selbstwahrnehmung Geburtshilfe leisten.

Empathie, bedingungslose Wertschätzung und Authentizität – unter diesen drei Bedingungen wächst in Beziehungen die eigene Identität. In diesem Klima entwickelt sich Persönlichkeit – und Männlichkeit. Jede dieser Haltungen braucht dabei die anderen beiden: Empathie ohne authentische Wertschätzung ist Kuschelclub-Psychogelaber. Bedingungslose Wertschätzung ohne Empathie und Echtheit ist oberlehrerhaft und unglaubwürdig – beziehungsloses Nettsein. Authentisch sein, ohne den anderen anzunehmen und einfühlsam zu verstehen, ist brutal. Es bedeutet, jemandem die Wahrheit um die Ohren zu knallen.

Wer ein „richtiger Mann" sein will, versuche also nicht, ein „richtiger Mann" zu werden. Sondern er selbst. Dann ist er ein richtiger Mann.

Stärken und Schwächen zulassen

Zur Selbstwahrnehmung gehört neben dem authentischen Empfinden der eigenen emotionalen Erlebniswelt auch eine realistische Einschätzung der eigenen Begabungen, Stärken und Schwächen. Je mehr unser Selbstwertgefühl von Leistung abhängt, desto schwieriger ist das. Wir haben dann nämlich in unseren Köpfen und Herzen Bilder, die unseren Selbstwert definieren, aber mit echten Werten gar nichts zu tun haben. Solche Zuschreibungen zeigen sich in „Etiketten" oder „Schubladen", die die Menschen in „gute" und „schlechte" Persönlichkeiten aufteilen.

Was ist Persönlichkeit? Wer bin ich? Oder besser: Wie bin ich? Kann ich mich ändern, darf ich so sein, wie ich bin – oder muss ich vielleicht sogar so bleiben?

Schon die alten Griechen haben sich mit dieser Frage beschäftigt. Und entschieden, dass es vier Temperamente gibt, die unser Leben bestimmen: Choleriker, Melancholiker, Phlegmatiker und Sanguiniker. Begriffe, die auch heute noch gebräuchlich sind – leider mit der Gefahr, als Schublade zu dienen. „Du Choleriker!" heißt dann vielleicht nichts anderes als: „Du bist unbeherrscht, du machst Stress, und das wird wohl so bleiben." – „Ich bin halt ein melancholischer Typ" heißt vielleicht: „Ich kultiviere meine schlechte Laune und suhle mich im Weltschmerz. Hoffentlich merkt ihr nicht, wie ich euch damit manipuliere."

Unbestritten: Es gibt Wesenzüge, die unser Leben wesentlich bestimmen. Prägungen aus der Kindheit führen beim einen dazu, dass er sehr harmoniebedürftig ist, bei einem anderen entwickelt sich ein ausgesprochen starker Freiheitsdrang. Während eine Person die Bleistifte rechtwinklig und parallel auf dem Schreibtisch platziert, bleibt die andere kreativ-chaotisch.

Seit Psychologen die unterschiedlichen Persönlichkeiten auch wissenschaftlich erforschen, sind ein paar Fakten ziemlich klar geworden:

1. Alle Schubladen sind Quatsch. Persönlichkeitseigenschaften beschreibt man nicht als „Typ", sondern sinnvollerweise als „Wesens-

züge". Die haben zwei Pole (zum Beispiel introvertiert – extravertiert), und die meisten Menschen liegen in der Mitte. Die extremen Ausprägungen kommen vor, sind aber selten. (Wie bei der Schuhgröße: Größe 33 und 52 kommen selten vor, 38 bis 42 viel häufiger.)

2. Es gibt Wesenszüge, die sind sehr stabil. Andere können sich mit der Zeit von alleine oder mit mehr oder weniger starker Anstrengung ändern. Zu den stabilsten Eigenschaften gehören im Beziehungsstil das Bedürfnis nach Nähe bzw. Distanz; im Ordnen des Alltags das Bedürfnis nach Veränderung bzw. festen Strukturen; in der Art des Denkens die Tendenz zu hintergründigem, abstrakten Denken oder konkreten, eher einfachen Mustern.
3. „Persönlichkeit" beinhaltet per Definition wertfreie Eigenschaften. Auch wenn diese in einer bestimmten Situation mehr oder weniger hilfreich sein können, sind sie nicht „an sich" gut oder schlecht. Das heißt: Während es nicht richtig oder falsch ist, eine „Buchhalterpersönlichkeit" oder eher ein „Künstlertyp" zu sein, kann es schwierig werden, wenn ein Steuerberater die Steuererklärungen kreativ gestaltet oder ein Musiker mitten im letzten Satz des Konzertes aufhört, weil um 21 Uhr Feierabend ist.

In der Bibel finden wir ein starkes Bild, um das Zusammenleben unterschiedlicher Persönlichkeiten zu beschreiben: Wie in einem menschlichen Körper das Zusammenspiel von Hand, Fuß, Nase, Ohr und Mund davon abhängt, dass jeder Körperteil seine eigene Aufgabe wahrnimmt, dienen die Unterschiedlichkeiten am Ende dem ganzen Organismus. Mit anderen Worten: Es gibt keine berechtigten Wertungen. Paulus weiß aber auch, dass Menschen fälschlicherweise bewerten, und fordert die christliche Gemeinde dazu auf, umso mehr die Mitglieder zu ehren, die nach unseren willkürlichen Normen weniger ehrbar erscheinen.

Die Aufgabe, die eigenen Begabungen und Interessen mit den Möglichkeiten und Anforderungen unserer Welt in Einklang zu bringen, ist heute extrem wichtig – und gar nicht einfach. Wir haben in unserer Berufswelt ein so hohes Maß an Spezialisierung erreicht und stehen so unter Leistungsdruck, dass man mit sehr viel höherer Wahrscheinlichkeit gesund und fröhlich überlebt, wenn das, was man tut, zu dem passt, wer man ist. Um hier erfolgreich zu sein, schlage ich ein paar Grundregeln vor:

1. Keine Angst vor Feedback!
   Wie andere mich erleben, ist nicht „die Wahrheit", aber es enthält wichtige Hinweise für die Selbstwahrnehmung. Wie sehen andere meine Begabungen? Freunde, Kollegen, Eltern, Geschwister, Vorgesetzte, LehrerInnen? Ergibt sich ein Muster, das diese Fremdbilder durchzieht? In der Regel sind die ungefragten Feedbacks weniger hilfreich als erbetene, weil sie eher dem Bedürfnis dessen entspringen, der die Mitteilung macht. Die erbetenen Rückmeldungen sind objektiver. (Wenn sie ehrlich sind, aber auch das liegt oft an der Art des Fragenden. „Nicht wahr, du findest auch, dass ich ein begabter Seelsorger wäre, oder?", bringt wenig.)
   Fällt es mir schwer, dieses Muster zu akzeptieren? Wo möchte ich kämpfen? Was will ich annehmen?
   Es gibt keinen Weg zum Selbst, der nicht über die Begegnung mit anderen – Menschen und Gott – geht. Vor der Meinung Gottes haben manche Christen besonders viel Angst: Wahrscheinlich will Gott, dass ich genau das machen soll, was ich am wenigsten will! (Unsinn. Wenn Gott die Eichhörnchen so geschaffen hat, dass sie auf Bäume klettern, sollen sie nicht am Wettschwimmen teilnehmen. Dafür haben die Robben nichts auf Bäumen verloren.) Also: Auch keine Angst vor Gottes Rückmeldung! Er kennt mich und sagt ja zu mir. Zur Ruhe kommen, beten, hören und Gottes Geist um Führung bitten, ist kein Ersatz für Denken, Entscheidungsfähigkeit, Willensbildung und Vernunft. Aber auch nicht umgekehrt. Beides gehört zusammen. Gott will „erwachsene", also mündige Christen, die in der Beziehung mit ihm leben.

2. Unterscheiden lernen, was zum „harten Kern" der Persönlichkeit gehört und was veränderbar ist.

Auch das geht in der Regel am besten im offenen, persönlichen bzw. seelsorgerlichen Gespräch: Ich muss klären, was zu den Wurzeln meiner Persönlichkeit gehört und was „Äste" sind, die es zu fördern oder zu beschneiden gilt. Dazu ein paar Fragen: Ist die Eigenschaft, um die es geht, eher ein Bedürfnis (tief) oder ein Verhaltensmuster (veränderbar)?
Hat sich die Eigenschaft langsam und stetig entwickelt, ist sie also durch Prägungen (zum Beispiel Geschwisterfolge) entstanden oder eher durch einzelne Ereignisse, deren Einfluss auf meine Persönlichkeit weniger dauerhaft ist? War ich „schon immer so"?
Gibt es ernsthafte, aber erfolglose Versuche der Änderung?
Last not least: Möchte ich die Eigenschaft ändern oder gehört sie zu meinem Selbstverständnis?

3. Gründlich Daten sammeln: Ich muss so viele Fakten wie möglich berücksichtigen.
   Neben einer Vielfalt von persönlichen Gesprächspartnern ist eine der besten Möglichkeiten, zu guten „Daten" zu kommen, verschiedene Testverfahren zu nutzen. Die objektiven Daten, die ein gutes Testverfahren liefert, können bei qualifizierter Interpretation wirklich praxisrelevante Informationen bringen. Ob beim Arbeitsamt, in der psychologischen Praxis oder in der Gemeindeseelsorge: Es gibt viele gute Testverfahren. Kritisch kaufen ist aber angesagt: Gute Tests kosten nicht mehr als etwa 30 bis 40 Euro (möglicherweise zuzüglich einer Gebühr für das Auswertungsgespräch in der psychologischen Praxis), sind wissenschaftlich dokumentiert und können klar erklärt werden. Selbsteinschätzungen (wie zum Beispiel der „Gabentest" von Christian A. Schwarz) können sehr hilfreich sein, besonders wenn sie als Gesprächsgrundlage genutzt werden, sind aber sehr transparent und verleiten daher zum Selbstbetrug. Sogenannte standardisierte Tests müssen mit speziellen Computerprogrammen ausgewertet werden und sind daher in der Regel etwas teurer, aber auch „ehrlicher". Sie erfordern eine spezielle Ausbildung der testenden Person.

4. „The Big Five“: die wichtigsten Wesenzüge
   Einige Persönlichkeitszüge scheinen bei den meisten Menschen ziemlich stabil zu sein. Die sollte man kennen – und so annehmen, wie sie sind. Im Folgenden sind die beiden Pole beschrieben. (Nicht vergessen: Die meisten Menschen sind eher in der Mitte zu finden.)
   1. Nähe-/Distanzbedürfnis
      Auf der „Näheseite“: viel herzliche Wärme, Harmoniebedürfnis, Aufopferungsbereitschaft, gefühlsbetonte Beziehungen
      Auf der „Distanzseite“: Zurückhaltung, eigene Bedürfnisse gut kennen, Objektivität in Beziehungen, sachlich
   2. Bedürfnis nach Wechsel/Dauer
      Auf der „Wechselseite“: schnell gelangweilt, kreativ, offen für Neues, unkonventionell
      Auf der „Dauerseite“: strukturiert, plant gerne, genau, Liebe zum Detail, korrekt
   3. Introversion/Extraversion:
      Introvertiert: nach innen gerichtet, reiches Fantasieleben („Kopfkino“), eher wenige, aber nahe Freunde; eher kreativ alleine; nicht gerne in unbekannten Gruppen, gerne allein
      Extrovertiert: offen für neue Begegnungen, schnell im Kontakt, eher kreativ in der Gruppe, braucht Austausch, schnell einsam
   4. Emotionalität
      Ausgeprägte Emotionalität: starke Gefühle, schnell schwankend, sensibel und eher unbeherrscht, bei guter Laune lustig und charmant
      Stabile Emotionalität: nicht aus der Ruhe zu bringen, stressresistent, in Beziehungen wenig „lebendig“, selbstbeherrscht, nüchtern
   5. Konkret/abstrakt im Denken
      Konkret: unkompliziert, mag möglichst einfache Lösungen, achtet auf den „Vordergrund“, arbeitet lieber mit Dingen als mit Ideen
      Abstrakt: hintergründig, kompliziert, sucht grundsätzliche Muster, eher intellektuell, arbeitet lieber mit Ideen als mit Dingen

Diese „Big Five“ sollten bei Lebensentscheidungen (zum Beispiel Berufswahl) unbedingt berücksichtigt werden. Bei den meisten anderen Persönlichkeitseigenschaften kann man in die Aufgabe „hineinwachsen“, auch wenn das vielleicht Energie kostet.

Doch egal, wie ich mich einschätze: Ich bin ein Original und habe mit Sicherheit Stärken und Schwächen. Das Gute dabei: Gott wirkt in beiden!

Visionen entwickeln

Natürlich sind Empfindungen, Stärken, Schwächen, Begabungen und Interessen nicht statisch. Wir können sie ändern und in einem gewissen Rahmen frei gestalten. Ein Mensch, der mit der Veranlagung geboren würde, ein zweiter Mozart zu werden, aber nie Musik kennenlernt, würde die Begabung nicht entwickeln. Umgekehrt können Leute mit einer durchschnittlichen Begabung sich außergewöhnlich entfalten, wenn die Bedingungen gut sind und sie die Möglichkeiten wahrnehmen, die sich ihnen bieten. Und auch das gehört zur „Ebenbildlichkeit“, also zu unseren „göttlichen“ Eigenschaften: dass wir nicht unbeteiligte Zuschauer eines festgelegten Prozesses sind, sondern aktiv beteiligt. Der Schöpfer schafft kreative Menschen, die ihr Leben nicht nur entdecken, sondern gestalten und entfalten sollen. Mit anderen Worten: Wir müssen nicht nur wahrnehmen und annehmen, wie wir sind, sondern auch entscheiden und entwickeln, wie wir sein wollen.

„Wenn ich groß bin, werde ich ein Ferrari“, sagte der Fiat Uno. Blieb aber ein kleiner Uno. Manchmal träumte er von der roten Hochglanzlackierung, von zwölf Zylindern und dem satten Rrrrrooaaarrr von üppigen Pferdestärken. Machte aber weiterhin nur putt-putt-putt, und das einzig wirklich Üppige blieb das Klappern der Innenverkleidung bei knapp 100 Stundenkilometern.

Ich kenne eine Menge Leute, die so leben. Und gehöre selbst manchmal auch dazu. Wir haben eine Idealvorstellung, der wir nicht entsprechen und nie entsprechen können – und nehmen dann gar nicht mehr wahr, dass ein Fiat Uno im Alltag oft viel besser ist. Versuchen Sie mal, eine Kiste Sprudel und einen Sack Kartoffeln in einen Ferrari zu laden, und Sie wissen, was ich meine. Oder versuchen Sie, beim Autohändler eine Anhängerkupplung für die Edelkarosse zu bestellen.

Aber stimmt es denn andererseits nicht, dass nur derjenige, der stets nach dem Höchsten strebt, dass Gute erreicht? Wird also der Fiat Uno, der davon träumt, ein Ferrari zu sein, nicht tatsächlich mit der Zeit ein bisschen schneller? Oder stimmt es doch, dass hohe Ideale zur ständigen Enttäuschung mit dem Leben und mit sich selbst führen, dass es also dem Uno auf Dauer nicht einmal hilft, wenn er glaubt, im Autohimmel dermaleinst ein Ferrari zu werden?

Die Unterschiede zwischen Illusionen und Zielvorstellungen, zwischen Tagträumen und Lebensvisionen, zwischen Seifenblasen und echter Substanz sind manchmal nicht so klar.

Tagträume sind eine Vorstellung von einer besseren Zukunft, die mir hilft, dem Alltag zu entfliehen. Eine Vision ist dagegen eine Vorstellung von einer besseren Zukunft, die meinen Alltag prägt und gestaltet. Wir brauchen Visionen zum Leben. Tagträume machen uns letztlich unglücklich. Der entscheidende Unterschied ist nicht, ob ein Teenie sich vorstellt, ein Popstar zu werden, sondern ob das dazu führt, dass er bei den Hausaufgaben vor sich hin träumt oder ob er anfängt, eigene Lieder zu schreiben, Gesangsunterricht zu nehmen und Gelegenheiten zum Bühnenauftritt sucht und nutzt. Im zweiten Fall wird er vielleicht trotzdem kein Star, aber übt Kreativität und selbstsicheres Auftreten, und das ist in jedem Fall sinnvoll.

Eine Vision ist eine Vorstellung von einer besseren Zukunft, die meinen Alltag prägt und gestaltet.

Tagträume und Visionen haben möglicherweise gemeinsam, dass sie nicht hundertprozentig erreicht werden. Darum geht es aber auch nicht. Beim Wandern geht es zuerst mal um den Weg – das Ziel bestimmt die

Richtung und motiviert zur Anstrengung. Aber ob es dort so ist, wie ich es mir vorstelle, weiß ich vorher nicht mit Sicherheit. Gute Zielsetzungen gehen nicht auf Nummer sicher. Sie lassen zu, dass mein Weg dort beginnen kann, wo ich jetzt tatsächlich stehe.

Sinnvoll Visionen entwickeln: Los geht's bei Start!

Die Wanderung beginnt mit der Definition der Startlinie. Wer bin ich? Wie bin ich? Was kann ich gut? Was tue ich gerne? Welche Wesenszüge prägen meine Persönlichkeit? Es geht darum, die Dinge möglichst realistisch zu sehen. Was kann bei der Selbstwahrnehmung helfen?

- Gespräche mit Menschen, die mich gut kennen: Freunde, Kollegen, Eltern, Ehepartner, SeelsorgerIn. Wichtig: Jeder nimmt mich durch seine ganz persönliche Brille wahr. Keiner „hat recht"; der beste Blick auf die Wirklichkeit ist vielseitig, oft widersprüchlich und nie schwarz-weiß.
- Professionelle Beratung: Ob durch Coaching, wissenschaftlich entwickelte Testverfahren oder andere Methoden der Beratung – eine Klärung der eigenen Begabungen, Strebungen und Möglichkeiten ist den zeitlichen und finanziellen Aufwand wert.
- Zeiten der Selbstreflexion und Stille: Hier gibt es zwei Schwerpunkte:
  Das Hören nach innen: Was will ich wirklich? Wonach strebe ich? Was macht mein Leben für mich schön, genussvoll, sinnvoll?
  Das Hören nach oben: Gebet und Meditation, die Suche nach der Leitung durch Gottes Geist.
  Beide dürfen einander nicht ersetzen. Christen, die ihre eigenen Wünsche nicht ernst nehmen, tendieren dazu, „sich selbst etwas in die Tasche zu lügen". Unsere Egoismen holen uns ein, zum Beispiel im Mäntelchen von: „Mir ist innerlich klar geworden, wozu ich berufen bin …" Für Gott ist die Frage nach unserem Wollen wichtig. Selbst wenn es ganz offensichtlich scheint, was wir wollen, zum Bei-

spiel in großer Not, fragt Gott: „Was willst du?“ Ob in Elias Gottesbegegnung am Berg Horeb (vgl. 1. Könige 19,9), bei den Heilungswundern der Propheten (zum Beispiel bei Elisa, 2. Könige 4,2) oder bei der Heilung eines Blinden (Markus 10,51; Lukas 18,41) oder eines seit 38 Jahren gelähmten Mannes (Johannes 5,6) durch Jesus – es ist wichtig, was wir selbst wollen. Wer nicht weiß, was er will, wird nicht „von Gott her“ herausfinden, was er soll. Gottes Geist führt uns in die Selbsterkenntnis, aber er kompensiert nicht unsere mangelnde Bereitschaft dazu. Und auch die von Jesus geforderte Verleugnung des Selbst beginnt mit der Selbstannahme: Ich muss etwas wollen dürfen, sonst kann ich noch nicht einmal darauf verzichten. Das Hören nach innen und nach außen ist also nicht die Alternative zum Hören nach oben, sondern seine Voraussetzung. Doch auch das hörende Gebet, die Wahrnehmung der „Stimme des guten Hirten“, will geübt sein. Es braucht Zeit, Abstand vom lauten Alltag, Orientierung an der Bibel und die Bereitschaft, Gedanken und innere Bilder wahrzunehmen, die nicht selbstgemacht sind. Wie gesagt: Wer nicht seine eigenen, selbstgemachten Gedanken kennt und angenommen hat, wird sich leicht einreden, sie seien „Führung von oben“.

Das Ziel bestimmt den Kurs

Wenn der Startpunkt klar ist, wird das Ziel bestimmt, um den Kurs zu setzen. Dabei bestimmt das „globale Fernziel“ immer die „mittelfristigen Etappenziele“, nie umgekehrt. Wer nicht weiß, wo er am Ende sein will, kommt garantiert woanders an. Wir müssen also damit beginnen, für uns selbst zu beschreiben, wie und wo wir uns in 15 oder 20 Jahren sehen wollen. Nehmen wir einmal an, ich treffe meinen jetzt besten Freund in 20 Jahren wieder. Was will ich ihm dann über mein Leben erzählen können? Oder, noch besser: Ich denke darüber nach, was mein Leben am Ende wirklich wichtig gemacht haben soll. Ich schreibe mir meine eigene (angestrebte, aber ehrliche) Grabrede oder überlege mir, wie der Titel meiner Biographie lauten sollte, falls diese jemals geschrieben werden sollte.

Erst wenn ich das Fernziel kenne, setze ich mir konkretere Etappenziele, die dem Fernziel dienen müssen. Ich frage mich: Wenn ich mein Leben in die Richtung lebe, wie ich sie vor meinem inneren Auge sehe – was müsste oder könnte ich in sechs Monaten bis etwa zwei Jahren entwickeln? An welchen Eigenschaften müsste ich feilen, welche Fähigkeiten fördern oder entwickeln? Danach entwickele ich, am besten im Gespräch mit anderen, einige Schwerpunkte – nicht mehr als in drei, allerhöchstens fünf verschiedenen Bereichen –, in denen ich dazugewinnen möchte.

Es gibt nichts Gutes, außer man tut es

Jetzt wird's ernst: Die Salami muss in mundgerechte Scheiben zerlegt werden. Ich muss entscheiden, welche konkreten Schritte ich in den kommenden Wochen tun werde, um näher an das eine oder andere Etappenziel zu gelangen. „Konkrete Schritte" heißt: Sie müssen machbar und überprüfbar sein. Und auch hier gilt: nicht zu viele Baustellen auf einmal anfangen. Lieber einige kleine Schritte, die man schafft, als viele große, bei denen man die Lust verliert.

Lieber gemeinsam als einsam lautet die Devise immer dann, wenn es schwierig wird. Ein Vertrag mit dem besten Freund, gemeinsam das Rauchen sein zu lassen, hat schon manchem geholfen. Die Verabredung zum Waldlauf hilft bei der Überwindung der Trägheit. Eine Coaching-Vereinbarung macht Mut, einen konkreten Konflikt anzugehen, den Gesprächstermin mit dem Vorgesetzten zu suchen oder sich nach einer anderen Stelle zu erkundigen.

An einem Bild verdeutlicht: Wenn meine Vision ist, ein Rennfahrer zu werden, könnten die Etappenziele lauten, 1. den Führerschein zu machen und 2. sportlich fit zu werden. Die konkrete Umsetzung:

Heute hole ich Preisvergleiche bei verschiedenen Fahrschulen ein und beginne mit einem Waldlauf.

Die Entwicklung von Etappenzielen und die Umsetzung in konkrete Schritte beantwortet dann die Frage, ob es wirklich um eine Vision geht – oder nur um Tagträume. Siehe oben.

Irrwege auf der Suche nach Identität

Wir sind noch nicht sehr geübt in der postmodernen Lebensart. Viele der Männer, die für uns Männer von heute eigentlich Vorbilder sein müssten, waren noch modern – sie konnten sich an den Regeln der Kultur orientieren und mussten ihre Männlichkeit nicht selbst konstruieren. Ihnen nachzueifern fühlt sich so an, als wären wir Schauspieler in einem Improvisationstheater und jemand drückte uns ein Skript in die Hand. Wir müssen aber nicht auswendig lernen, sondern flexibel und jedes Mal neu reagieren.

Wir sind uns daher auch nie wirklich sicher, ob das Experiment gelingen wird. Man kann eben nicht vorher mal auf Probe leben und erst recht nicht auf Probe lieben. Die Menschen und Aufgaben, denen wir begegnen, sind immer gleich der Ernstfall. Auf der Suche nach Sicherheit ist es daher naheliegend, unsere Identität an scheinbar sicheren, greifbaren, konkreten Kriterien festzumachen. Funktioniert nur nicht. Die Folge ist weiterer Identitätsverlust. Und der führt wiederum dazu, dass wir uns noch verzweifelter anhand falscher Kriterien definieren.

Es gibt eine ganze Reihe von Irrwegen, die sich anbieten:
„Ich bin, was ich habe" – Identität über Besitz
„Ich bin, was ich leiste" – Identität über Erfolg
„Ich bin, was ich genieße" – Identität über Konsum
„Ich hänge mich an ein Idol" – Identität über Fanatismus
„Ich bin, was mich erregt" – Identität über Sex
„Ich bin, was ich glaube" – Identität über eine Religionszugehörigkeit

Als letzter Ausweg bleibt immer noch: „Ich weiß eh nicht, was ich bin, also schalte ich mich ab“ – die Betäubung der Leere über die Sucht.

Diese Irrwege kosten. Sie kosten Zeit, Geld, Beziehungen und vielleicht am Ende das Leben gelebt zu haben, ohne wirklich man selbst geworden zu sein. Und all diese Irrwege haben eines gemeinsam: Sie definieren die eigene Identität nicht über echte und tiefe Beziehungen, über das Eingebundensein in ein Netzwerk und über eine differenzierte Wahrnehmung der eigenen Neigungen und Begabungen. Sie sind zu einseitig, zu eindimensional, zu einfach. Sie lassen keinen Raum mehr für andere Aspekte der Identität. Trotzdem: Jede dieser „Identitätskrücken“ liegt nur haarscharf neben dem, was Teil einer gesunden Identität sein kann:

- die Ressourcen, über die ich verfüge,
- die Tätigkeiten, die ich gut kann,
- die Freuden, die ich genieße,
- die Vorbilder, an denen ich mich orientiere,
- die Leidenschaft, mit der ich liebe,
- die Tröstungen, mit denen ich Leid erträglich mache,
- die Beziehung zu Gott als meinem Vater, der mich liebt und segnen will.

Echte Identität ist nie einfach. Egal, ob als Vater, als Sohn, als Ehemann. Als Kollege, Kumpel oder Freund. Als Schüler oder Mentor. Als Jünger oder Lehrer. Übrigens auch: egal, ob männlich oder weiblich.
Die Herausforderung bleibt: Werde, was du bist!

Quellen- und Literaturhinweise

Kapitel 1

Fischkurt, Eva Julia, Wenn Frauen nicht mehr lieben, Patmos, Düsseldorf 1998

Rohr, Richard, Der wilde Mann, Claudius, München 1986

Kapitel 2

Hoff Sommers, Christina, The War against Boys, Simon and Schuster, New York 2000

Payne, Leanne, Die Krise der Männlichkeit, Aussaat, Neukirchen-Vluyn 1991

Walker, Rebecca (Hrsg.), What makes a man. 22 writers imagine the future, Riverhead, New York 2004

Kapitel 9

Wolfgang Huber, Familie haben alle, Wichern-Verlag 2007

Kapitel 10

Sieghard Wilm, Das Heilige im Menschen, Publik Forum, Heft 16/2006, S. 30ff

Necla Kelek, Die fremde Braut, Goldmann-Verlag, München 2006, S. 133

Alan Guggenbühl, zitiert nach Thomas Rottenberg, Das Männerverstehbuch, Verlag des niederösterreichischen Pressehauses 2005, S. 54ff

Kapitel 11

Philip Yancey, zitiert in: Aufatmen Nr. 2/2004, S. 48

Earle, R. und Laaser, M.: Wenn Bilder süchtig machen. Brunnen 2005

Pfeifer, S.: Internetsucht verstehen, beraten, bewältigen. Seminarheft Klinik Sonnenhalde, Riehen 2004

Kapitel 12
LeSourd, Leonard, Starke Männer, Schwache Männer, Francke, Marburg 1992

Andreas Malessa/Ulrich Giesekus

Vergeben kann man nicht müssen

Weiterleben, wenn Unverzeihliches passiert

80 Seiten, Paperback,
ISBN 978-3-7655-1352-7

Wohin mit ohnmächtiger Wut? Mit Demütigung und Bitterkeit?

Können tief verletzte Paare im „Rosenkrieg" ihrer Trennung noch im Vaterunser beten: „Und vergib uns unsere Schuld, wie auch wir vergeben unseren Schuldigern?"

In Schilderungen und Kommentaren begründen ein Theologe und ein Psychologe ihren entlastenden Rat: Vergeben kann man nicht müssen. Gleichzeitig sind sie überzeugt:

Vergeben kann man wollen – und es ist ein bis in die körperliche Gesundheit hineinreichender Heilungsprozess.

Aber „wie geht" Vergebung praktisch, wenn Unverzeihliches geschieht?

Die Schilderungen realer Fälle und die praktischen Anmerkungen helfen, eigene Entscheidungen zu treffen, und zeigen gangbare Wege zur Vergebung – für eine hoffnungsvolle Zukunft!

Ulrich Giesekus

Liebe, die gelingt

und den Alltag besteht

128 Seiten, Taschenbuch
mit vielen Illustrationen
ISBN 978-3-7655-4221-3

„Männer sind anders. Frauen auch“ – das bejaht Dr. Ulrich Giesekus aus langjähriger Erfahrung und Beratungspraxis. Er meint aber auch: „Die Unterschiede zwischen Mann und Frau sind kein Zufall, sondern Absicht Gottes. Und genau deswegen kann es auch gelingen, das Unternehmen ‚Ehe – Liebe – Partnerschaft'!“ Eine stabile, gute Beziehung bringt beide Partner weiter in ihrer Persönlichkeitsentwicklung, so Dr. Giesekus. „Die Ehe bietet dazu den optimalen Frustrations- und Geborgenheitsrahmen.“